Attention

Heather Lewis

Attention

Roman traduit de l'américain
par Julia Dorner

P.O.L
33, rue Saint-André-des-Arts, Paris 6e

Titre original : *Notice*

ISBN : 978-2-84682-100-1
www.pol-editeur.fr

1

Pendant très longtemps, je n'ai pas appelé ça faire des passes. Je quittais le travail, je traversais la rue vers la gare, et si un mec – on dirait plutôt un homme, je suppose – était descendu du train et rentrait chez lui, je lui prenais son argent.

On le faisait dans sa voiture. Je travaillais une vingtaine de minutes. Je me faisais à peu près vingt dollars, ce qui était pas mal comparé à ce que je gagnais à mon boulot de l'autre côté de la rue. En outre, il est difficile de se faire plus dans une voiture. Ou du moins c'est ce que je me disais. Même si j'imagine que ça dépend de ce qu'on est prête à faire.

Je ne faisais pas beaucoup de trucs ; je me faisais prier pour tout. Mais ils aimaient ça, un ou deux en particulier.

Je n'avais pas cherché à faire ça, mais ça s'était fait si facilement qu'on pourrait aisément prétendre le contraire. Certains l'on dit. N'empêche, à mes yeux c'était arrivé par hasard. Et si c'est vrai que j'avais besoin de l'argent, ça répondait aussi à un autre besoin chez moi. Je me fiche de ce qu'on raconte. Je comprends pourquoi on dit à des gens qu'on ne le fait que pour l'argent, à des gens qui sont en dehors de tout ça. Mais le truc, c'est que je ne voyais personne être vraiment en dehors de tout ça. Ce qu'est cet autre besoin, en dehors de l'argent ? Je ne l'ai jamais défini précisément. Je sais qu'il est bien là, pourtant.

*

Bref, en tout cas, tous les jours après le travail, j'attendais. Enfin, pas tous les jours, pas au début. C'est devenu quotidien progressivement. Ensuite, j'avais mes réguliers. À ce moment-là, ça devient un truc à double sens, ils dépendent de toi et tu dépends d'eux. Une fois que ça en est là, savoir à qui la faute n'a plus d'importance parce que chaque personne obtient ce qu'elle était venue chercher.

Peut-être que ça a commencé parce que je ne voulais pas rentrer chez moi. À l'époque, chez moi, cela voulait dire la maison de mes parents. Ce n'était plus chez moi depuis longtemps, et le fait que cela le soit de nouveau, si tardivement, enfin tout est relatif, n'était pas facile, pas même simple.

Après tout, j'avais préféré aller en maison de correction plutôt que de rester chez mes parents, mais ça avait mal tourné. Pire que je ne l'avais pensé et j'avais envisagé le pire. Bien sûr, j'avais pris un départ hésitant là-bas et après ça te colle à la peau. Ce sentiment n'était pas nouveau pour moi, mais après on ne te lâche plus, on te traite comme un chien, on te tient en laisse – et je veux dire littéralement –, alors il fallait que je me tire, pour aller n'importe où.

J'ai fini par atterrir à la maison avec un grand M, et donc tous les jours, après le travail, j'évitais de rentrer. Et ce même si mes parents n'y habitaient pas et n'allaient pas revenir avant plusieurs mois. Ça ne changeait rien. Là-bas tout leur appartenait. Presque rien n'était à moi. Ils ont viré mes affaires quand je me suis fait coffrer. De toute façon, tant que je restais là-bas, c'était comme si je leur appartenais aussi et je n'avais pas besoin qu'on me le rappelle.

Pendant un bon bout de temps, j'étais allée dans un bar après le boulot. Il se trouvait de l'autre côté de la rue, en diagonale par rapport à la gare. Assez vite, j'ai eu une histoire avec un des barmen. Ce n'était même pas pour le cul, mais pour la cocaïne, or ce n'est pas ma drogue préférée, alors je me suis vite lassée.

Quelque part, je me suis peut-être dit que si je traînais à l'extérieur du bar plutôt qu'à l'intérieur, je me ferais payer plutôt que de payer ou de faire donnant, donnant. Le donnant, donnant, tout le monde vous le dira, ça peut aller très loin, j'en avais déjà fait les frais pendant des années. En fait, j'étais née pour ça. Alors je ressentis le besoin de passer un cap. Ou de clarifier les choses.

Je franchis effectivement un seuil, celui de la porte – du bar, j'entends –, c'est-à-dire que je restai dehors. La première fois, je ne sais plus quand c'était, même si je m'en souviens bien. Et comme toujours, comme les autres, je me disais, bon, peut-être juste pour cette fois.

C'est la même raison qui fait que la première fois n'est jamais la dernière et que l'argent n'explique pas tout. La plupart des gens peuvent comprendre ça, mais en général ils préfèrent ne pas comprendre. L'argent justifie tout, il en a toujours été ainsi. C'est la meilleure des excuses, personne ne la mettra en cause, parce que tout le monde s'en sert.

Le premier, je ne voulais pas qu'il sache qu'il était le premier. Même avant que ça ne devienne un vrai travail je ne voulais pas que l'un d'eux s'imagine être le premier.

Après, évidemment, c'est un bon plan de les convaincre que c'est ta première fois, la première pour de l'argent en tout cas. Assez rares sont ceux prêts à en croire davantage. Et quand il devient impossible de leur faire avaler ne serait-ce que cela, alors tu essaies de les convaincre qu'ils sont différents, ou que ce qu'ils veulent est différent

Tu essaies toujours de les convaincre que tu aimes ça ou qu'ils te plaisent, au choix, selon les cas. À moins qu'ils s'en fichent. En un sens ceux-là sont les plus faciles, enfin, ça dépend.

Mais la vraie première fois, y'a peu de chance que tu veuilles que le type le sache, à moins que ça profite à quelqu'un d'autre. Et je m'étais promis de ne jamais bosser pour personne.

Alors la première fois, ce fut un soir passé à traîner. À passer devant le bar plutôt que d'y entrer. Puis devant ma voiture, sans la prendre. C'était gênant, mais plus pour le type qui venait de descendre du train que pour moi. C'était pas sa première fois, c'était clair, mais peut-être sa première fois si près de chez lui.

Quand j'ai vu ses mains fouiller dans son portefeuille, cela ne m'a pas tellement détendue, mais j'ai eu un déclic. On en était encore à parler du verre qu'il voulait me payer. Il demandait combien ça lui coûterait et s'inquiétait de la quantité de cash qu'il avait sur lui.

Je ne sais pas, peut-être envisageait-il un motel. Pas moi. J'aurais coûté plus cher, mais donné plus, alors hors de question que je quitte ce parking. Je voulais simplement qu'il me montre sa voiture.

Finalement, il dit : « On va où ?

– T'as une voiture ? » Et voilà. Cette question-là était réglée.

La voiture était bien, bien pour ça. Une de celles avec un siège avant inclinable, d'une seule pièce. Pas le top pour conduire, mais pour s'asseoir, si.

Comme je le disais, il ne savait pas comment se comporter et il commença par m'accompagner de l'autre côté vers la portière passager. Il s'arrêta au niveau de l'insigne sur le capot.

Bref, je fis le reste du chemin toute seule et arrivai à ma portière avant qu'il n'atteigne la sienne. Obligée d'attendre qu'il m'ouvre.

Je portais une espèce de jupe courte. Il était en costume léger, dans les tons vert olive. L'automne était presque trop avancé pour s'habiller ainsi. Assez en tout cas pour que je porte des bas, des noirs avec une couture à l'arrière.

Ce que je veux dire par là, je suppose, c'est qu'on avait tous les deux la tête de l'emploi ce qui facilita les choses. En tout cas pour moi. En plus il était jeune et plutôt pas mal, c'était un plus aussi.

J'avais déjà touché l'argent, à l'extérieur de la voiture. Que faire d'autre à présent sinon me le faire, donc je posai ma main sur sa cuisse. Quand il fut prêt, j'ouvris sa braguette. Je le touchai un peu avant de baisser la tête.

Ça s'est bien passé, en fait, c'était pas la mer à boire. Il mit environ quatre minutes et quand il jouit j'avalai parce que ni lui ni moi n'avions prévu d'endroit où le mettre. En plus, il avait été correct donc je n'avais pas de raison de lui laisser tout un bordel à nettoyer.

Je ne m'attardai pas, principalement parce que je sentais qu'il préférait pas. Je sortis simplement de sa voiture et marchai en direction de la mienne, avant de la dépasser.

Je me suis retrouvée dans le bar après ça.

Je dépensai une partie des vingt dollars à boire parce que le barman que je connaissais se pointa tard. Après, je restai aussi longtemps que lui. Assise au bar jusqu'à la fermeture. Puis à une table jusqu'à ce qu'il eût fini de tout fermer, de faire la caisse et d'essuyer quelques verres.

Une fois cela fait, il vint vers moi. Il écarta la table derrière laquelle j'étais assise. Se mit à genou, je veux dire entre mes jambes. Après, on s'envoya environ un demi-gramme, mais c'était plus du speed coupé à la coke que l'inverse, et ce n'était pas la première fois. Je n'étais quand même pas prête à faire une remarque. Pas encore. Je le notai dans un coin de ma tête, consciente qu'il allait falloir que je lui en touche un mot dans pas trop longtemps.

Ce genre de deal ne m'avait jamais beaucoup rapporté et maintenant c'était encore plus maigre. Comme je le disais, j'avais bien vu que je payais trop pour trop peu. Me faire payer dehors sur le parking me l'avait vraiment fait sentir, je suppose. Avant, c'était plus un concept.

J'imagine qu'on pourrait appeler ça une période de transition.

2

La transition ne dura pas très longtemps. Elle prit fin quand un nouveau type m'aborda. Quelques semaines seulement s'étaient écoulées, pas plus.

J'étais montée avec lui dans sa voiture plusieurs fois avant qu'il me demande de l'accompagner chez lui. En général je refusais, en fait, je n'avais jamais accepté. Dès le départ, j'en avais pris la résolution. Mais c'était le genre gros dur donc ça ne se refusait pas si facilement. Pas pour les raisons que vous imaginez, mais parce que ça m'attire. Et puis, il m'avait fait miroiter une carotte, sa femme.

Alors on alla chez lui en voiture. Ce n'était pas à plus de quinze kilomètres de la gare. On mit presque plus de temps à remonter l'allée qu'à y arriver.

Une fois chez lui, il me fit asseoir sur le canapé du salon puis appela sa femme en lui demandant de nous rejoindre. Ne sachant pas comment il avait envie de la jouer, je ne bougeai pas – buvant mon verre, fumant une clope, en silence.

Sa femme était assez belle, pas le style banlieue ni matrone, ce qui fut un vrai soulagement. Je l'inspectai attentivement, consciente qu'il n'en attendait pas moins de moi. Elle paraissait timide, nerveuse. Il lui avait dit de se préparer à ma venue, ou à quelque chose. Je le voyais à sa tenue – un long déshabillé noir qui traîna un peu derrière elle quand elle traversa la pièce.

Elle s'assit à côté de moi. J'attendais toujours le signal, je ne la touchai pas. Je compris que jusqu'ici, tout suivait un plan préparé d'avance, donc j'éteignis ma clope, pour éviter qu'elle ne gêne.

L'épouse me toucha la joue d'un geste mal assuré et tremblant comme si elle cherchait la bonne façon de procéder. Quand ses doigts arrivèrent à mon cou, je me mis à frissonner comme elle. Je me retrouvai à trembler de tout mon corps et déjà je savais que ce n'était pas une bonne idée de continuer. Parce que je ressentirais quelque chose, et naturellement, c'est à peu près la dernière chose au monde que l'on souhaite en pareilles circonstances.

Je détournai la tête pour ne pas avoir à croiser son regard, de grands yeux marron, tristes tous les soirs, et pas seulement ce soir à cause de cette situation, je le savais. Pile le genre de visage dans lequel je devais éviter de plonger. Je savais que je ne pouvais pas me permettre de me laisser aller en présence de son mari.

Entre-temps elle s'était mise à me caresser les seins, alors j'ôtai mon chemisier et gardai mon soutien-gorge, parce qu'il me le demanda. Il m'ordonna de remonter ma jupe et d'ouvrir les jambes, et je le fis aussi. Pendant tout ce temps, je fixai mon sac à main. J'y avais rangé ma culotte quand il m'avait demandé de l'enlever dans la voiture. J'y avais mis la moitié de l'argent aussi.

Ne pas regarder sa femme ne résolut pas exactement tous mes problèmes. Elle en revanche avait réglé une partie des siens et était moins hésitante. Elle s'était glissée sur mes genoux, face à moi. Je fus donc obligée de tourner la tête vers elle, et par ailleurs, comme je le disais, ne pas la regarder ne résolvait rien.

Je fis glisser le déshabillé sur ses épaules, commençai à l'embrasser là, en la tenant par la taille, et elle laissa le déshabillé tomber par terre.

Le mari était assis à présent. Je pouvais le voir pardessus son épaule. Je sentais sa cigarette, entendais les glaçons dans son verre. Au début, fermer les yeux m'aida. Mais je remarquai que je préférais les garder ouverts. Ça paraissait plus sûr.

Elle portait une pièce de lingerie féminine dont je ne connaissais pas le nom. Je savais juste que ça se déboutonnait devant. Je le fis, en tout cas. Elle commença à m'enlever mon soutien-gorge, mais son mari l'arrêta. Il ne voulait pas non plus qu'on s'allonge sur le canapé. Il la voulait par terre, complètement nue.

Ce fut à ce moment-là que je devins nerveuse et commençai à chercher un moyen de fuir. Mais sans savoir pourquoi, car ce qu'elle me faisait à présent me poussait à me laisser aller en arrière une minute puis à m'accrocher à elle la minute d'après – en avant et en arrière jusqu'à ce qu'il se lève de sa chaise.

La seule chose qu'il enleva, ce fut sa ceinture. Il la lui passa autour de la taille et tira. Du coup, elle arrêta ce qu'elle était en train de me faire, ce qui le mit en colère, ou lui donna une excuse. Il s'était baissé derrière elle, tirait plus fort sur la ceinture et se frottait à elle, pour la pénétrer. Elle avait posé sa tête sur mes genoux et je la tenais. Je mis mes doigts dans sa bouche parce que je n'aimais pas les bruits qu'elle faisait. Les entendre m'était insupportable.

Quand il enfonça sa bite dans son cul, elle s'agrippa à moi. Elle avait les bras autour de ma taille et la tête écrasée contre mon ventre. J'aurais sans doute dû la tenir fermement aussi, mais à la place j'essayai de me dégager, or je n'arrivais pas à trouver une prise. C'est à ce moment-là que je remarquai qu'il me regardait.

Il la baisa méthodiquement. Bien profond, et ça lui faisait mal, c'était clair. Elle pleurait dans ma jupe. Mais l'expression sur son visage à lui ? Aucune, une ombre de sourire, mais rien d'autre. C'était peut-être pour ça que j'essayais de m'enfuir. Il ne m'avait pas assez payé pour voir un truc pareil. Il m'avait payée suffisamment pour me le faire à moi, mais pas pour que je le regarde le lui faire à elle. Ce ne sont pas des mots en l'air, c'est purement égoïste. Croyez-moi, se faire mettre aurait été tellement plus simple.

Quand il en eut fini avec elle, on la laissa par terre. Je remis mon chemisier, pris mon sac, le suivis jusqu'à sa voiture. Je savais qu'on n'en avait pas terminé parce qu'il n'avait pas éjaculé. Il s'avéra – c'était toujours comme ça avec lui – qu'il en avait toujours pour son argent.

Une fois dehors, il m'enleva mon sac des mains. Le posa sur le capot de la voiture et appuya ma tête juste à côté. Il me maintenait les deux mains dans le dos et rien de tout cela ne me gênait. Je me sentais un peu engourdie et je ne me débattis pas. J'attendis, c'est tout.

Je sentis sa bite à travers son pantalon avant qu'il ne la sorte, puis je le sentis entre mes jambes, la frotter contre moi. Il me lâcha les mains. Je cherchai un truc auquel me tenir sur le capot de la voiture, mais en vain. Il n'y avait rien. Alors quand il me tira en arrière, je tournai le visage contre mon sac qui sentait la clope et le cuir ; une odeur familière.

Je ne sais pas si ceci serait arrivé s'il n'avait pas baisé sa femme, mais quand il me doigta, je devins fébrile. Il m'excitait, je le savais, et je ne pensais pas être capable de me retenir. Pire, je savais qu'il s'en rendait compte. Pas qu'il ait dit quelque chose. Pas besoin. Ce qu'il fit, ce fut enfoncer sa bite dans mon con et pas dans mon cul. Et comme ce n'était pas son style, je compris que c'était pour en avoir le cœur net.

Je ne mis pas longtemps après ça. Et même si je le fis en silence, je sus qu'il le sentait à sa manière de me tirer un peu les cheveux. Et pour couronner le tout, il se retira. Pour se branler. Sa queue était tout près de mon cul, mais après il l'écarta. Il remonta ma jupe et s'affala contre moi.

Ce n'était pas entièrement nouveau. Il se faisait toujours jouir. Mais à chaque fois il me tendait son mouchoir pour que je m'essuie. Ce soir, pourtant, il m'en mit partout. Ce soir, il voulait que je rentre avec.

Après, il fit le tour et monta dans la voiture. Je n'étais pas totalement sûre de pouvoir bouger, mais je le fis. D'abord ma main, pour prendre mon sac, puis le reste de mon corps. J'avais du mal à tenir sur mes jambes mais je n'avais que quelques pas à faire.

J'ouvris la portière et m'enfonçai dans le siège. Il démarra la voiture. J'avais mon sac sur les genoux et je fouillai dedans pour trouver une clope. Dès que je l'eus allumée, il me la prit des mains, alors je dus recommencer. On resta silencieux jusqu'à ce qu'on arrive à la route. Puis il me demanda où me déposer parce qu'avant on s'était toujours vus au parking.

C'est là que j'aurais dû retourner. Ma voiture y était garée et je savais qu'il valait mieux qu'il ne sache pas où j'habitais. Mais mes facultés de réflexion me firent faux bond. Et voilà qu'il suggérait de me déposer chez moi. « Où que tu habites », dit-il.

Alors cet homme, ce régulier, me dépose juste en bas de chez moi. Et sans que j'aie à le demander, il me donne le reste de l'argent. Et tandis que je suis en train de penser que ce n'est pas assez et plus jamais, on convient d'un nouveau rendez-vous, et il dit qu'il passera me chercher là plutôt qu'à la gare, et même si c'est un mauvais précédent, j'acquiesce.

3

Entrer dans la maison de mes parents me fit un effet encore pire que prévu, alors j'allai directement au salon, à cause du bar. Ouvrez leur vitrine à alcool et l'odeur de gin vous saute à la gorge. Mais j'y suis habituée. Je sortis une bouteille de vodka, je l'ouvris et m'en versai une petite dose dans le premier verre trouvé. Mes parents ne sont pas du genre à avoir des verres hauts, trop futiles à leur goût, je suppose.

Une fois le verre servi, je posai mon sac sur la table basse et me laissai tomber sur le canapé. Je pensais que chez eux – le couple – il n'y avait pas de table basse ni rien d'autre devant le canapé qui lui bouche la vue.

Le rendez-vous était fixé deux jours plus tard et je me rendis compte que ça tombait le week-end. Vendredi soir précisément. J'avais toujours mon boulot normal, où je devais me rendre tous les matins, mais ça paraissait de moins en moins possible.

Je commençai à sortir des trucs de mon sac. D'abord mes cigarettes, puis le briquet et enfin le cash. J'étalai les quatre billets, neufs mais à présent froissés, des billets de cent, sur la table. Je cramai le coin de l'un avec ma clope et j'aurais pu le laisser brûler, mais j'ai un peu trop le sens pratique pour ça. En dernier, je sortis ma culotte.

S'il voulait un week-end entier, il allait falloir qu'on parle argent. Le problème, c'était qu'il paierait. C'était ce qui l'avait rendu si incontournable. C'était en tout cas la raison que je me donnais. L'excuse pour laquelle je le laissais faire des trucs que je n'aurais jamais accepté d'un autre. Je veux dire, la toute première fois, il m'avait plaquée sur le ventre et prise par-derrière sur la banquette arrière pour seulement quarante dollars. Après j'avais compris et lui avais dit que ce genre de trucs c'était plus cher.

Je me versai un autre verre que j'emportai au lit, avec les clopes. Je laissai le reste étalé sur la table. Je ne dormis pas beaucoup, et quand le jour se leva, je me dis autant me lever et aller au boulot. J'avais prévu de porter la même jupe. Celle avec l'accroc, pour me rappeler que peut-être quelque chose s'était passé ou avait changé.

Je gardais mon job normal pour les raisons que vous entendez tout le temps. La séparation commode entre la nuit et le jour. Une manière d'affirmer qu'il n'y a rien d'inhabituel.

J'étais déjà presque sortie de la maison quand je me rappelai que ma voiture n'était pas là. J'allai jusqu'à appeler un taxi, direction la gare, mais ensuite je montai dans ma voiture et rentrai à la maison.

Ce jour-là j'appelai pour me faire porter malade. Le lendemain, je donnai ma démission. En leur demandant de m'envoyer mon chèque par la poste. Je passai la journée et celle du lendemain à moitié comateuse. En réalité, je n'attendais qu'une chose, c'était sa voiture dans l'allée, et avant de l'entendre, j'avais mis des vêtements de rechange dans mon sac au cas où ça se prolongerait.

On ne parla pas d'argent et il ne m'en donna pas d'avance. J'aurais dû contester par pur principe, mais non.

Une fois chez lui, on s'installa dans le salon tous les deux, mais cette fois il était évident qu'on irait à l'étage. Je ne sais pas précisément pourquoi on tuait le temps, mais comme je n'étais pas d'humeur à poser des questions, je laissais faire.

Lorsqu'on monta les escaliers, il s'arrêta sur le palier pour me montrer des photos de ses enfants. Je lui faisais penser à une de ses filles en particulier, et je me dis, au moins pour l'instant tu me fais à moi ce que tu aimerais lui faire à elle. Au moins, elle est à l'école, quelque part, comme ses camarades.

On continua l'ascension puis on pénétra dans leur chambre à coucher. Sa femme était en train de prendre un bain. Elle avait laissé la porte de la salle de bains ouverte, pour nous voir entrer depuis la baignoire.

Il m'ordonna de m'asseoir au bord du lit, dans le champ de vision de sa femme. Il s'assit en face sur une chaise au dossier très droit qui avait un côté incongru ici. La chaise était contre le mur, près du montant de la porte et sa femme pouvait donc me voir. Elle pouvait aussi voir qu'il me voyait, mais sans vraiment le voir lui, juste son coude.

Je restai assise à attendre parce que je savais qu'il aimait donner des instructions. Je ne portais pas de culotte cette fois, j'apprends vite, disons. Il s'était penché vers moi dans la voiture et avait souri en le découvrant. C'était le genre de choses qui, pensais-je, pouvait me rapporter un peu plus de blé. Avec des mecs comme lui, qui aiment qu'on leur prête attention, c'est jouable.

Bref, quand il me demanda de me toucher, je n'eus rien à enlever. Et je n'envisageai même pas de déboutonner mon chemisier ni rien du genre parce que je savais déjà que ça faisait partie du truc pour lui. Que je reste habillée et pas elle.

Le fait d'être en mesure de les voir tous les deux me faisait bizarre. Ça aurait dû me donner une sorte d'assurance, mais en fait ça me rendait nerveuse. Je le regardai en premier. Mais ensuite mes yeux glissèrent sur elle. À ce moment-là, il dit : « C'est moi que tu regardes. »

Il était monté avec son verre. Il l'avait toujours à la main alors je me concentrai sur ça. Mais ça ne lui plut pas non plus. Il répéta : « Moi », plus fort, et je compris qu'il voulait dire dans les yeux.

Je commençai à me dire que ses yeux ne changeaient jamais. Qu'il avait toujours le même regard – réservé mais pas froid, pas complètement fermé. Quelqu'un comme lui peut obtenir tellement plus en restant juste un peu ouvert.

C'est ce qui séduit. C'est ce qui fait aussi qu'on bascule. Ça veut dire que c'est absolument vous qu'il veut baiser, au sens propre comme au figuré. Personne d'autre. C'est le truc dont vous avez sans doute rêvé toute votre vie. Une attention sans partage. Et vous le vouliez tellement et depuis si longtemps que la forme que ça prend n'a plus d'importance.

Donc il retenait mon regard et je me retenais. Mais sans faire grand-chose. Je savais que ça ne pourrait pas durer longtemps ainsi. Néanmoins, il fallait que je trouve mes repères parce qu'il ne me laisserait pas faire juste semblant et disparaître.

« Vas-y, caresse-toi », dit-il, j'avais déjà trop tardé.

Du coin de l'œil, j'essayai de trouver sa femme. D'après le peu que je vis, elle n'avait pas bougé un muscle depuis que nous étions entrés. Et même si je savais comment elle en était arrivée là – je le comprenais parfaitement –, je ne comprenais toujours pas ce qui pouvait intimider une personne à ce point. Et c'est moi qui dis ça.

Sans qu'il me le demande, je me laissai aller un peu en arrière en écartant davantage les jambes. Je me mis à me toucher d'une façon qui apparemment rendait service à tout le monde.

Il resta assis très longtemps alors une sorte de brouillard m'enveloppa, je ne savais pas jusqu'où je devais aller. Mais il finit par se lever. Comme la fois précédente, il enleva sa ceinture, sauf que cette fois, il me la passa autour du cou. La sensation n'était pas aussi terrible qu'on pourrait l'imaginer. Enfin pas au début.

Il resta debout devant moi. Je fixais les passants de son pantalon puis il tira sur sa ceinture d'un coup sec. Jusqu'à se presser contre mon visage, la fermeture éclair du pantalon toujours remontée, il ne me resta plus qu'à lécher le tissu.

Il me tirait par la ceinture et un peu par les cheveux aussi. Je ne voyais rien mais je savais ce que voyait sa femme. Je me surpris à me demander comment entre eux les choses en étaient arrivées là. Ou s'ils avaient toujours vécu comme ça et si je n'étais qu'une parmi tant d'autres. Cette pensée me rendit un peu trop nerveuse alors je commençai à ouvrir la fermeture éclair de son pantalon. Je fis cela pour m'occuper, mais il m'arrêta. Replaça mes mains entre mes jambes, où elles n'avaient pas été depuis un moment.

Il ouvrit la fermeture éclair de son pantalon. Je continuai à me toucher même si je savais qu'il avait mis mes mains là juste pour les éloigner de lui. C'était ça le vrai souci – il jouait mon rôle mieux que moi.

Il fourra sa bite dans ma bouche mais toujours sans me laisser rien toucher sauf mon propre corps. Du coup, c'est lui qui me faisait me tenir droite – en tirant des coups secs sur sa ceinture et sur mes cheveux. La position était de moins en moins confortable mais à chaque fois que j'essayais de mettre mes bras autour de lui, juste pour m'aider à me redresser, il me giflait. Alors je compris lentement, mais je compris.

Il avait les jambes entre les miennes et les écartait petit à petit, et sa bite était suffisamment dure pour emplir toute ma gorge. Entre ça et la ceinture, respirer était difficile.

Lorsqu'il retira sa bite, je pris une assez profonde inspiration mais elle ne passa pas la barrière de la ceinture. Il me poussa en arrière. Sa main était posée sur ma poitrine à présent, alors de toute façon l'air n'avait nulle part où aller.

J'avais laissé mes mains où il les avait mises et les siennes étaient là aussi, en train de m'écarter et pour y glisser sa queue. Dès qu'il eut fait ça, il me saisit les poignets et les bloqua de part et d'autre de mon corps. Sa bite m'aida en ce qu'elle me faisait mal. M'empêcha de penser pendant un moment avant qu'elle n'arrive là où ça ne faisait plus mal, mais où ça faisait l'inverse. Quand cela arriva, impossible de rester avec lui plus longtemps.

Comme s'il le savait, il me releva les bras au-dessus de la tête. Il reprit sa ceinture en main, de sorte qu'à chaque coup de boutoir il m'étouffait. Il ne me baisait pas comme ça d'habitude, mais c'était sans doute la manière dont il la baisait elle. L'autre nuit il lui avait montré ce qu'il me faisait à moi, et là il me montrait comment il la prenait elle.

Je n'avais pas l'habitude d'avoir son visage près du mien, et là il me fixait droit dans les yeux avec la même expression que celle que je lui avais vue quand je l'avais regardé la prendre. Je ne supportai pas son regard. Je fermai les yeux et j'ouvris la bouche ; je pensais qu'avoir sa langue dedans ne m'aurait pas gêné, j'en avais besoin, j'avais besoin de sucer quelque chose. Mais quelle importance puisque ce n'était pas lui qui pensait ça, mais moi.

Il dit : « Ne me quitte jamais des yeux. Jamais. »

J'ouvris les yeux, par conséquent je sentis tout. Je sentis sa queue enfoncée en moi et pire qu'avant parce qu'il restait presque immobile. Il bougea juste un peu jusqu'à ce que je me retrouve à fermer de nouveau les yeux et à enrouler mes jambes autour de lui. Collée à lui.

« Regarde-moi », dit-il, mais sans dureté cette fois. Sur un ton presque moqueur, qui m'expédia dans un endroit en moi où j'allais me briser, pensais-je. Et de nouveau, comme s'il le savait, il s'écarta de moi et se leva. Il laissa sa ceinture autour de mon cou mais la lâcha. Il me laissa rouler sur le côté et remonter les jambes sous moi, m'accrocher à moi-même.

Il fit sortir sa femme de la baignoire. Il la ramena mouillée dans la chambre et la fit s'allonger sur le ventre juste à côté de moi. Puis il la fit mettre à genoux, après je ne regardai plus. Et je fis comme si je ne sentais rien non plus. Je me levai, même, j'enlevai sa ceinture, j'allai m'asseoir sur sa chaise, je terminai son verre, je m'allumai une clope et me demandai combien de temps il me laisserait faire.

Assise là, derrière eux, je ne regardais toujours pas. Par la fenêtre, on voyait leur piscine éclairée dans l'obscurité. Voilà ce que je regardais. Ça ne m'empêchait pas d'entendre pour autant. Je n'avais pas trouvé le moyen d'arrêter ça, mais me concentrer suffisamment sur la piscine étouffait un peu le son de sa voix à elle.

C'est sur moi qu'il déchargea – sur mon visage et sur mon cou, alors que j'étais toujours assise sur la chaise. Il m'avait prise au dépourvu, je m'étais évadée dans le jardin, cette solution avait ses limites, je venais de le comprendre.

Juste après avoir joui, il se rendit dans la salle de bains, m'empêchant ainsi d'y aller ou de me nettoyer sans explorer la maison. Et vu l'état dans lequel j'étais, dans lequel j'avais essayé de me maintenir, c'était trop loin.

Sa femme s'était enroulée dans le couvre-lit, et à la voir comme ça, je me rendis compte qu'on n'avait jamais été seules avant. Qu'on n'avait jamais été présentées. Et puis je lui demandai son prénom et elle répondit : « Ingrid. » Tout cela arriva avant que j'eusse le temps de réfléchir pour savoir si connaître son prénom était une bonne chose. Je savais déjà que non. Je le sus dès qu'elle l'eut dit. Et sa voix me plaisait, ce qui ne pouvait que rendre tout ça plus difficile.

Elle surveillait assez attentivement la porte de la salle de bains, ne la quittant jamais des yeux très longtemps. Je restai clouée sur la chaise, mais j'enlevai mon chemisier pour m'essuyer avec. Je continuai à faire comme si je ne voulais pas me lever pour m'allonger près d'elle. Je compris que c'était la raison pour laquelle il prenait tellement son temps dans la salle de bains. Il voulait nous voir ensemble à son retour.

Je regardai encore un peu la piscine. J'allumai une autre cigarette, et juste au moment où je pensai que je ne le ferais pas, je me levai, la rejoignis, m'assis près d'elle et la laissai fumer entre mes doigts. À part ça, je ne la touchai pas.

Mais elle, elle me toucha. Comme si elle voulait me déshabiller, elle n'arrêtait pas de glisser sa main sous mon soutien-gorge comme pour le dégrafer. Je n'avais même pas enlevé mes chaussures, juste mon chemisier, rien d'autre, et j'avais une bonne raison pour ça.

J'arrêtai sa main et me levai pour écraser la cigarette, même si ce n'était pas nécessaire. Il y avait un autre cendrier tout près, sur la table de nuit. Elle me demanda mon nom et je lui donnai celui que j'utilisais en pareilles circonstances. Pourtant, bizarrement, je me sentais tiraillée, comme si quelque part je lui devais la vérité.

Elle dit : « Alors, Nina, t'es venue ici seulement pour lui ? » Et comme je ne répondis pas elle ajouta : « Je lui ai demandé de t'amener. Il l'a fait pour moi. »

Je crois qu'elle dit amener. Ou peut-être acheter, je ne suis pas sûre. Ce dont je suis certaine, c'est que les femmes font tout différemment, mais pas au point qu'on ne pige pas.

J'enlevai ma jupe mais restai debout comme ça, avec mes chaussures aux pieds, mes bas, et le soutien-gorge que je ne l'avais pas laissée dégrafer. J'essayai de décider à quel point la tourmenter. Mais je ne faisais jamais ça avec les hommes. En m'en apercevant, j'enlevai mes chaussures et vins près d'elle sur le lit.

Je ne savais pas au juste comment elle le voulait. Les hommes le disent toujours. Pas vraiment clairement, mais suffisamment pour qu'on sache. Elle ne dit rien. Elle m'enveloppa dans le couvre-lit et m'aida à ôter mon soutien-gorge.

Je m'allongeai, parce qu'elle ne me laissa rien faire, du moins pas au début. Je laissai mes yeux se fermer. C'était un truc que je voulais faire tout le temps, avec tous les hommes, mais je ne m'y étais jamais risquée. Et voilà que ce soir-là je m'y abandonnai encore et encore. Je m'abandonnai, alors que j'aurais dû voir clairement que ces deux-là me mettaient plus en danger que tous les gens que j'avais jamais rencontrés.

J'aurais dû voir clairement, à ce moment-là, qui des deux me mettait le plus en danger. Mais je ne pouvais pas m'en empêcher. Sa bouche sur moi, j'en avais tellement besoin que je me fichais du reste, alors même en entendant la porte s'ouvrir, consciente qu'il était entré, je gardai les yeux fermés.

Elle écarta le couvre-lit, c'était sa concession. J'en fus contente, j'avais trop chaud là-dessous. Elle continua à prendre les initiatives et moi à me dire qu'on ne devait pas jouer la scène comme ça. Elle me maintenait en déséquilibre en me plaquant à plat dos sur le lit.

Elle m'avait enlevé mes bas alors je ne portais plus rien. Il n'eut pas à dire un mot pour qu'elle commence à me faire pivoter. Elle le fit petit à petit, jusqu'à ce qu'on soit allongées en travers du lit et non pas dans le sens de la longueur.

Je savais ce qu'il voyait, puis elle bougea pour s'allonger à côté de moi plutôt que sur moi. Je ne m'en souciais pas vraiment, mais cette idée se fit plus présente à mon esprit – le fait qu'il nous regarde. Peut-être qu'elle l'avait toujours été. Je ne peux pas dire que ça me gênait vraiment. Je me disais juste que ça devrait.

Elle m'embrassait toujours les seins, elle promenait sa main sur le haut de mes cuisses, partout mais jamais entre, jusqu'à ce que je n'en puisse plus et ouvre les jambes. Même à ce moment-là elle me dirigea : « Viens, retourne-toi. »

J'obéis, me tournai sur le ventre, puis je sentis sa main sur mon dos, sa bouche près de mon oreille. Je me frottai contre le couvre-lit et elle continua pareil, me caressant les fesses, l'arrière des cuisses, puis elle vint sur moi. Elle attrapa mes poignets et tint mes bras au-dessus de ma tête, comme lui l'avait fait. Et sa bouche était toujours près de mon oreille, même si elle ne disait rien et moi non plus.

Je l'entendis avant de le sentir. Je l'entendis prendre la chaise et la reposer. Il m'ouvrit les jambes et se contenta de les tenir écartées.

Elle ne parlait toujours pas et ne faisait rien sauf m'immobiliser, en se servant de tout son poids, comme si c'était nécessaire. Il commença à me toucher. D'un seul doigt, si lentement et si doucement que je faillis me mordre le bras.

Il fit cela longtemps avant d'arrêter. Je l'entendis allumer une cigarette. Je l'entendis tirer plusieurs taffes avant de me toucher de nouveau. Et quand il le fit, ce fut pour poser sa main avec la clope sur mon cul.

À présent, je voulais décoller ou me lever. L'apaisement avait cédé la place à l'inconfort, au malaise. Il enleva sa main et je m'oubliai. Je bougeai pour qu'Ingrid desserre son étreinte.

Soudain, je sentis qu'elle avait peur. Et je le sentis forcer sa bite dans mon cul. Il pressait sa femme contre moi, de tout son poids. Et la main avec la cigarette n'était plus posée sur mes fesses. Elle me lâcha les poignets et se pelotonna contre moi comme un petit enfant. Elle gémissait comme une enfant aussi. Et je pensais, quel fils de pute.

Ensuite, ce fut sa manière de bouger : elle frissonna d'abord, puis se raidit. Je pouvais sentir l'odeur de la brûlure. Je pouvais presque l'entendre. Le pire, c'est qu'elle ne faisait aucun bruit. Sauf gémir dans mon oreille.

Il la laissa s'écarter de moi. Ce qui me laissa avec lui. Avec lui qui me sodomisait et elle roulée en boule juste à côté de moi. Je tournai la tête de l'autre côté parce qu'il me laissa faire.

Je me disais, bientôt je partirai d'ici.

4

Après, il nous laissa seules. On regardait toutes les deux la porte, en l'écoutant descendre les escaliers. Je ne voulais pas regarder, je crois, mais impossible de m'en empêcher. Ça paraissait nécessaire. Sinon tout m'aurait semblé pire que ça ne l'était. Je la tenais presque comme il m'avait tenu et je regardai son anus.

La brûlure était déjà recouverte de cloques mais semblait presque inoffensive. C'est comme ça avec les brûlures – quand elles sont toutes fraîches ça va encore, c'est après qu'elles deviennent moches.

Je sentis qu'elle n'aimait pas que je regarde, alors je la couvris avec le dessus-de-lit. « Ingrid », dis-je deux fois, parce qu'elle n'écoutait pas ou alors elle ne m'entendait pas. Je répétai. Je dis : « Ingrid, est-ce que je peux faire quelque chose pour toi ? »

Elle ne répondit rien et je n'avais aucune d'idée de ce dont elle avait besoin. Moi, j'avais besoin d'une cigarette. J'en pris même une et commençai à l'allumer. Mais ça paraissait déplacé, alors à la place j'arpentai la chambre. Et me retrouvai à regarder de nouveau la piscine.

Il s'écoula un moment avant que je n'enfile mes vêtements. Je remis même mon chemisier, malgré le côté moite, toujours humide de son foutre. Une fois habillée, je la quittai. Je fermai doucement la porte derrière moi et allumai une cigarette en arrivant aux escaliers.

Je le trouvai sur le canapé du salon. Il leva son verre en direction d'un autre verre posé sur une table au bout du canapé, près de lui. Je pris le verre mais restai debout, je ne voulais pas être près de lui et il n'y avait pas d'autre endroit pour s'asseoir hormis par terre.

Donc il se leva. Il me prit ma clope en expliquant qu'il avait laissé son paquet en haut.

Mon sac se trouvait par terre à côté du canapé et je pensai très fort à le ramasser, trouver un téléphone et appeler un taxi. Le genre de choses que je devais faire, je le savais, mais que je ne faisais pas. Et ça n'avait rien à voir avec lui ou elle, mais plutôt avec l'endroit où j'aurais demandé au chauffeur de taxi de me conduire. Ici avec eux, c'était en un sens toujours mieux que seule chez mes parents.

« Tu dois être fatiguée, dit-il. Je vais te montrer ta chambre. »

Alors je ramassai mon sac et le suivis une nouvelle fois dans les escaliers. La porte de leur chambre était toujours fermée. Je ne la quittai pas des yeux pendant qu'on tournait dans le couloir faiblement éclairé par des appliques murales, dont certaines étaient tordues et dénuées d'ampoule.

Il ouvrit la deuxième porte sur la droite. La chambre de sa fille. Grosse surprise. J'espérai qu'il ne prévoyait pas de me rendre une petite visite pendant la nuit. Je ne savais pas combien je devais exiger, c'était inclus dans le tarif? Cette question avait toujours été épineuse avec lui, mais depuis que j'avais passé le seuil de leur maison, mener le jeu était devenu totalement inconcevable.

Il alluma la lumière dans la salle de bains, vérifia qu'il y avait des serviettes puis défit le lit avant de sortir.

Une fois seule, je me glissai hors de la chambre et allai au bout du couloir. Je tombai sur un escalier secondaire et traversai le rez-de-chaussée jusqu'au bar.

J'envisageai de prendre toute la bouteille, mais décidai de me verser juste un grand verre de vodka. Si ça devait continuer trop longtemps j'aurais besoin d'autre chose que de vodka, j'en étais consciente. Mais je savais aussi qu'il me l'obtiendrait. Sans que j'aie à demander.

Je réussis à m'endormir avec un seul verre. Je me réveillai le lendemain matin quand Ingrid m'apporta du café. Je ne m'enquis pas de son mari. À ses mains qui tenaient fermement le plateau, je sus qu'il n'était pas à la maison.

Elle me tendit le plateau le temps de grimper dans le lit à côté de moi. Je le lui rendis et elle me versa du café.

La lumière du jour filtrait par une fenêtre derrière nous et je vis qu'elle était plus âgée que je ne l'avais pensé, plus proche en âge de son mari, et je me demandai depuis combien d'années ils faisaient ça. Si j'étais le début de quelque chose, ou la fin. J'arrive toujours au début ou à la fin pour les gens, jamais au milieu.

Elle se pelotonna contre moi, je l'entourai de mon bras et elle passa le sien autour de moi, mais sur le drap. Elle portait le même déshabillé que l'autre soir, mais rien en dessous. J'étais nue, alors quand elle se cramponna à moi, je me sentis obligée de poser ma tasse.

Le simple fait qu'elle s'accroche à moi me fit soudain

peur, car je n'étais pas libre de me lever. Je ne pouvais pas passer outre, pas au début.

Je ne sais pas où ça transporta Ingrid. Je sais seulement qu'elle n'essaya pas de bouger. Elle resta calmement enroulée autour de moi pendant que je la câlinais. Finalement, ce fut mon désir de changer ça, mon besoin de faire basculer cette situation dans ce qu'elle n'était pas, qui me poussa à me lever et à marcher – car m'écarter d'elle était la seule façon de m'empêcher de faire ça.

Elle ne me retint pas et ne dit rien. J'allai dans la salle de bains, je fermai la porte derrière moi et la verrouillai, juste pour me prouver que j'en étais capable. Je me lavai le visage, trouvai une brosse à dents et me brossai les dents. La veille, je n'avais même pas tenté ces gestes, du coup je fis tout à fond. J'envisageai de prendre une douche et me rendis compte que ce qui me retenait, c'était la peur qu'Ingrid ne m'attende pas. Le besoin de me sentir propre fut le plus fort.

Je ressortis enveloppée dans des serviettes. Elle se prélassait toujours sur le lit, me regarda traverser la chambre et prendre mon sac, puis sortir les vêtements que j'avais emportés. Je les passai en revue, mais sans avoir envie de les mettre : un chemisier et une jupe, des porte-jarretelles et des bas. Une autre variante de la veille au soir.

Ingrid dit : « Dans la commode là-bas – les affaires de ma fille. Vas-y. »

Je fis ce qu'elle suggérait et me mis à fouiller dans les affaires de leur fille. Je trouvai un jean dans le tiroir du bas, et dans la penderie un haut à boutons, vieux et doux, sans doute une vieille frusque de son père. Même ses chaussures m'allaient. J'essayai de ne pas penser à nos ressemblances ni à ce que ça pouvait signifier.

Ingrid me regarda m'habiller avant de se lever et de sortir. Sur le seuil de la porte, elle me dit qu'elle descendait dans une minute, est-ce que je voulais bien l'attendre en bas ?

J'acquiesçai puis l'écoutai s'éloigner, jusqu'à ce que j'entende une porte s'ouvrir et se refermer, puis je tendis l'oreille pour être sûre et descendis furtivement en empruntant l'escalier secondaire. Je passai par là pour éviter le salon. Je parcourus toutes les autres pièces du rez-de-chaussée. La cuisine, la salle à manger, le petit bar où j'avais pris la vodka la veille.

Finalement je tombai sur une pièce tranquille qui donnait sur l'entrée en marbre. En laissant la porte ouverte, je voyais l'escalier, du coup je choisis d'attendre là. J'ouvris la porte à deux battants donnant sur la terrasse puis m'installai sur une causeuse – une vraie, confortable, pas que pour la frime.

Je décidai que c'était la pièce d'Ingrid et que son mari ne s'en occupait jamais. J'étais perdue dans ces pensées quand je l'entendis dans l'escalier, puis la vis.

Elle paraissait plus heureuse habillée comme ça, en pantalon et col roulé, les cheveux négligemment attachés, le visage plus doux sans maquillage.

Je suppose qu'elle se disait à peu près la même chose sur moi parce qu'elle eut comme un sourire et me tendit la main. Je la pris et me levai en douceur, en épousant son mouvement majestueux qui nous mena vers la porte, puis dehors.

On flâna vers la piscine. « L'année est un peu trop avancée pour se baigner, dit-elle en s'agenouillant pour repêcher quelques feuilles. Je devrais appeler le gars pour la faire vider. »

J'étais d'accord avec elle, mais je me demandai ce que je verrais par la fenêtre de la chambre si c'était fait.

Elle traversa le reste de la propriété, passant dans un jardin aux fleurs fanées et dans une sorte de verger. Elle parlait des choses qu'elle devait faire faire, comme enlever des claies ou poser du double vitrage. Elle parlait de l'endroit dans la cave où elle entreposerait tout ça.

Je jouai le jeu, proposant des solutions pour les fenêtres, le stockage, ou pour enlever les feuilles. Des sujets dont je ne connaissais pas grand-chose mais qui avaient occupé mes parents parfois, ma mère, alors au moins je pouvais en parler un peu en utilisant le vocabulaire adéquat.

Ça continua un moment puis on retourna à l'intérieur. Elle me donna à manger dans la cuisine. Assise au comptoir, je mangeai des œufs tandis qu'elle passait quelques coups de fil et dressait la liste des courses. Ensuite on se mit en route pour le supermarché, puis retour à la maison, je lui portai les sacs de commissions.

En début d'après-midi tout ça était réglé. Elle nous prépara de grands cocktails et on s'installa au bord de la piscine, dans deux grandes chaises longues en bois, les seuls meubles encore dehors.

On se couvrit de plaids en cachemire et on resta là à boire jusqu'à ce qu'elle juge qu'il était temps de rentrer. On en était à deux cocktails alors je la suivis à l'intérieur les jambes flageolantes. Je dus me tenir à la rampe pour monter les escaliers.

On se sépara à la porte de sa chambre – elle y entra, je retournai à la chambre de la fille. Je mis mes propres vêtements, m'arrangeai les cheveux et le reste.

J'étais en bas quand il rentra, j'étais assise dans le salon, sur le canapé devant lequel il n'y avait toujours pas de table. Quand il ouvrit la porte, je relevai ma jupe, j'écartai légèrement les jambes, allumai une clope.

Il était dans l'entrée. Sa sacoche fit un raclement quand il la posa sur le marbre. Il prépara deux cocktails, je faillis en prendre un mais il les emporta à l'étage. J'entendis des voix, puis d'autres bruits. J'attendis, les bruits s'amplifièrent, suffisamment pour me pousser une nouvelle fois à sortir au bord de la piscine.

C'était calme, là, dehors. Du vent et des bruissements, rien d'humain. Je m'installai sur une des chaises longues, j'avais froid sans plaid, froid de toute façon. Je fumai en faisant comme si je ne remarquais pas les tremblements dans mes mains, mais bientôt je dus rentrer chercher mon verre pour que ça passe.

Sa sacoche était toujours posée dans l'entrée. Je la regardai en allant vers le bar. Et je la regardai en me rendant dans la petite pièce, celle dont je prétendais qu'elle était à Ingrid. À présent je me rendais compte assez clairement qu'il n'y avait pas grand-chose à elle dedans.

Les bruits s'étaient arrêtés, alors je tendis l'oreille pour me situer. Je n'entendis rien. J'attendis longtemps, toujours sans rien entendre. J'avais vidé mon verre depuis longtemps, alors je m'en versai un autre avant de monter.

J'empruntai l'escalier secondaire. Je trouvai mon chemin dans le couloir et appuyai doucement sur la poignée en arrivant à ma porte. Je n'allumai pas la lumière, pas même dans la salle de bains. Je posai mes vêtements sur une chaise et me glissai dans le lit.

D'abord j'entendis les glaçons dans son verre. Le bruit venait d'un coin de la pièce, près d'une étagère. Ça me surprit, même si je savais qu'il était là. Je l'avais su quand je traînais en bas. Je l'avais su dès que les bruits avaient cessé. Du coup, j'avais à présent l'impression de l'avoir fait attendre, d'avoir fait quelque chose de mal.

Il y avait longtemps que j'avais fumé ma dernière clope, aussi je pris le paquet sur la table de nuit. Comme il n'y avait pas de briquet à portée de main, je l'attendis. Il traversa la chambre et s'assit au bord du lit. Alluma ma cigarette avec une allumette qu'il laissa brûler en la tenant près de ma joue.

J'essayai de fumer comme si de rien n'était. Ça ne faisait pas mal. J'étais surtout mal à l'aise – la chaleur de l'allumette, sa proximité et son calme à lui. Et qu'il reste ainsi jusqu'à ce que l'allumette s'éteigne toute seule entre ses doigts.

Il posa le bout carbonisé sur la table de nuit. Je voulais voir la piscine, mais c'était impossible depuis cette chambre, et puis le simple fait de bouger paraissait une très mauvaise idée.

Il ne fit rien sauf rester assis, et moi non plus. Ma cigarette s'était consumée, et il n'y avait nulle part où mettre la cendre. Je la laissai tomber sur le lit comme si je ne remarquais pas. Il finit par me prendre le mégot encore allumé des mains et ça me fit flipper, mais il le posa sur la table près de ce qu'il restait de l'allumette. Il ne le posa pas sur le côté, mais debout sur le filtre.

Après il se leva, prit son verre sur la table de nuit et partit. En un sens, je me sentis flouée. Car à présent j'allais mal dormir, me demandant s'il reviendrait, ce qu'il voulait d'autre.

Je cherchai mon verre et finis par le trouver près du lavabo de la salle de bains. Je le vidai sans me demander comment m'en procurer d'autre, ce que ça impliquerait et appellerait. Je ne me sentais pas de fureter en bas, alors j'essayai de me convaincre que celui-ci suffirait pour me faire dormir.

5

Il ne revint pas, et, le lendemain, Ingrid se pointa de nouveau avec son plateau. Tout en buvant le café qu'elle m'avait préparé, j'étais consciente qu'il m'était impossible de passer une nouvelle journée en sa compagnie à faire les courses et parler de claies et de piscine, une autre journée avec elle qui voulait que je fasse semblant d'être sa fille.

Visiblement, elle n'était pas sûre d'en être capable non plus. Ce matin-là, elle s'assit à une certaine distance de moi, se concentra sur son café et eut du mal à regarder dans ma direction.

Le café bu je posai ma tasse. Puis je lui pris la main, celle qui était près de moi et vide. De l'autre elle tenait toujours sa tasse. Qui tremblait un peu, tout comme ses lèvres. À la gorgée suivante, elle renversa un peu de café sur sa chemise de nuit.

Je fis mine de ne pas le voir, et elle ne s'aperçut vraiment de rien, je crois. Ce qu'il avait pu lui faire commençait à m'inquiéter, mais en même temps, je savais que ce n'était pas quelque chose de tellement différent. Le truc, c'est qu'elle ne savait plus quelles raisons se donner pour supporter ça. Elle ne savait plus comment faire pour s'approprier ce qu'elle vivait et le rendre désirable.

Peut-être. Mais peut-être que j'étais la seule à le penser et que je le projetais sur elle, car ressentir les mêmes choses, ensemble, pouvait nous encourager à agir.

Lorsqu'elle posa sa tasse, je ne lui lâchai pas la main. J'embrassai son coude, puis j'en léchai le creux. Elle se contracta, pas juste au niveau du bras, mais de tout son corps. Ce qui m'incita à rouler sur elle.

J'étais sur elle et la fis descendre plus bas dans le lit. Je tenais son visage entre mes mains et la fixais jusqu'à ne plus pouvoir. Alors je l'embrassai, une excuse pour fermer les yeux.

À partir de là ça devint plus simple. Je remontai sa chemise de nuit puis la lui enlevai complètement. Je la sentis s'enfoncer encore plus dans le lit. Elle écarta les jambes puis mit sa main entre les miennes, et sa manière de me caresser me fit rouler de côté, sur le dos, et je la laissai faire.

Elle m'embrassait sur le ventre et activait sa main, rien d'autre. Elle n'en fit pas plus, et quand je jouis, c'était comme si ça ne m'était pas arrivé depuis très longtemps. Elle continua à me caresser jusqu'à ce que je lui saisisse le poignet, le plaque sur le lit puis roule de nouveau sur elle, pesant de tout mon poids.

Je compris où j'allais et je devins plus douce. Au début ça lui plut. Elle voulait que je l'embrasse dans le cou et que je la caresse comme elle l'avait fait. Alors je continuai. Lentement et avec douceur. En ignorant la façon dont elle bougeait à présent les hanches et écartait les cuisses. Puis je ne pus pas l'ignorer plus longtemps, car elle me suppliait.

Quand je la baisai, ce fut d'abord toujours avec douceur et lenteur, mais elle voulait plus fort. Et peu après elle s'écarta de moi.

Je laissai ma main ressortir et la laissai se retourner. Je savais ce qu'elle attendait de moi. Et aussi que si je n'y arrivais pas je ne lui servirais à rien. Je me mis à lui claquer un peu les fesses. Elle était impatiente, ça se voyait. Je faisais comme si j'avais une bonne raison d'aller plus loin, enfin j'essayais, au moins pour m'en convaincre moi-même. Je la pris par là. Mais le changement de rythme rendait mon geste peu convaincant et la rendit anxieuse.

Je sentais la rugosité de la brûlure là où ça avait cicatrisé, elle se raidissait quand je touchais. Je ne pouvais pas être cruelle au point d'attendre qu'elle me supplie, alors je le fis. Aussi brutalement qu'elle le voulait. Jusqu'à ce qu'elle pleure et attrape mon autre main pour l'attirer sous elle, mais en insistant pour que je continue à la baiser.

Finalement, après avoir eu son compte, après avoir joui, elle s'écarta de moi. Elle se réfugia dans un coin du lit, roulée en boule, inapprochable. Au point que je me demandai si je devais quitter la chambre. Je faillis le faire, mais un sentiment de culpabilité me retenait, puis elle l'exigea.

J'enfilai les mêmes jean et chemisier que la veille et vidai les lieux. J'empruntai l'escalier principal, je traversai le salon et sortis vers la piscine. Je m'assis sur la chaise longue où je commençais à me sentir chez moi, en essayant de trouver des raisons à ce que je ressentais.

Je haïssais ma lucidité, ma sobriété. J'aurais bien bu un verre, mais pour ça il aurait fallu que je rentre – et j'avais décidé de ne pas le faire avant qu'elle me le demande.

Je voulais la laisser absolument seule. C'était à moi que j'avais fait plaisir en m'attardant, pas à elle, je le savais. Je l'avais poussée à me mettre dehors tout en faisant comme si elle avait besoin de moi ou me désirait.

Je comprenais ce qui s'était passé entre nous. Ou pour elle. Je le savais, même si j'étais incapable de l'expliquer, ou refusais, même pour moi-même. Je le savais de son point de vue, et l'impuissance et la faiblesse qui m'avaient gagnée me faisaient horreur. Elle devait éprouver du mépris pour moi, me disais-je, car moi en tout cas, je me méprisais.

Il me fallut tout ce temps pour remarquer le froid dehors et encore plus pour me rendre compte que je n'avais rien sous la main pour y remédier. Je me frottai les épaules avec les mains en m'imaginant que ça me réchauffait. Je m'y perdis vraiment, dans cette sensation de calme que me procuraient mes mains. Bientôt je fermai les yeux, et juste après je lâchai mes épaules en tâchant d'ignorer que je m'étais remise à trembler.

Elle finit par sortir et s'asseoir avec moi. Elle portait un gros pull, genre tricoté main. Elle remarqua que je tremblais et me tendit les bras, je grimpai sur sa chaise longue avec elle, je la laissai nous envelopper et après je dormis ou pas loin, je crois. Je ne sais pas ce qu'elle fit ni combien de temps cela dura.

La nuit suivante se passa différemment. À cause de nous, au fond, d'elle et de moi. De la chaise longue près de la piscine, on avait rejoint son lit. Je n'avais pas mis les pieds dans leur chambre depuis cette fameuse nuit. Le froid dehors et l'exiguïté de la chaise longue nous avaient poussées à rentrer. On était allées à l'étage pour se mettre à l'aise, et dans sa chambre parce que c'était la plus proche. Nos journées se passaient ainsi. Rien de notable, sauf l'envie d'être bien.

On se coucha sur le lit. Sans le défaire et tout habillées, elle toujours en gros pull. On se couvrit avec une couette, comme si on n'allait jamais se réchauffer, puis on se laissa aller un peu plus. On dériva vers un ailleurs, ou vers un endroit qu'on connaissait déjà, je ne sais pas.

C'était comme s'il n'était jamais rentré. Ce fut du moins mon impression au début. Puis je remarquai une paire de menottes posée juste à côté de nous sur la table basse. Et je vis la veste de costume sur le dossier de la chaise et dessus la cravate pliée avec soin. Je suppose qu'après on se laissa dériver de nouveau, parce qu'on ne le vit jamais en personne, juste ses affaires.

Quelque chose se déclencha en moi, comme une inquiétude. Je me posais des questions et je voyais bien qu'elle aussi, mais il était trop tôt pour dire quoi que ce soit. Je crois que nous avions peur de nous-mêmes. Peur de ce qu'on avait accompli sans le faire exprès. De ce qu'on avait réussi par fatigue et par amertume.

C'est pourquoi le lendemain on se comporta différemment. On garda nos distances toutes les deux. Elle partit en voiture. Absolument seule pour la première fois depuis des jours que je ne comptais plus, je soupesai l'éventualité de partir une fois pour toutes. J'aurais pu partir dans le sens où j'en avais la possibilité. Personne ne m'en aurait empêché. Ce n'était simplement pas la peine.

Je fis semblant d'envisager cette solution – comme pour me prouver à moi-même que j'en étais capable. Comme si rester était un choix motivé par l'argent. L'argent dont je n'avais pas encore vu la couleur. En vérité, partir était devenu inconcevable. Et le pire, c'était que je n'aurais pas pu dire avec certitude lequel des deux me tenait.

Quand elle rentra en fin d'après-midi, on s'habilla toutes les deux pour lui. Moi d'une autre version du même genre, elle d'un autre déshabillé.

Je fus prête avant elle, alors, debout dans l'embrasure de la porte de sa chambre, je la regardai se préparer. Puis on descendit l'attendre. On s'assit sur le canapé du salon – je fumais et buvais, elle sirotait juste un verre.

Il était en retard. On le nota toutes les deux et cela nous rendit nerveuses et pleines d'espoir. On était presque d'humeur légère quand on entendit sa voiture sur le gravier, puis sa clé, la porte d'entrée et la sacoche sur le marbre.

Il se prépara un verre et s'installa en face de nous. « Qu'est-ce que vous avez fait aujourd'hui ? » demanda-t-il. C'étaient peut-être les premiers mots que j'entendais de la journée. Je fouillai mon esprit pour me rappeler si Ingrid avait dit quelque chose aujourd'hui, ou même hier. Ou moi.

« On a traîné », dit-elle, et sa voix me fit peur comme si je la perdais et me perdais dans ses mots.

« C'est vrai ? » me demanda-t-il.

« Je suppose que oui. »

Je dis cela sans être tout à fait certaine d'être en train de parler, ou de ce qu'il voulait entendre.

« Alors c'est bien, dit-il. Vous êtes reposées. »

J'essayai de comprendre ce que ça voulait dire. Si on avait commis une erreur. J'avais oublié pendant une minute que ce qu'on disait n'avait aucune importance.

Il dit : « Tiens, Ingrid, prépare-m'en un autre. »

Elle se leva, prit son verre et traversa la pièce jusqu'au bar. Il se leva aussi et s'assit à côté de moi. « J'ai quelque chose pour toi, quelque chose de spécial rien que pour toi. » Il posa un bras autour de mes épaules. De l'autre main, il laissa tomber une pilule dans ma bouche. Puis il se mit à me caresser la gorge comme on le fait avec un animal. Je renversai la tête dans le creux de son bras. Je l'entendis me murmurer que ça allait me plaire. Je ne sentis rien au début, mais rapidement j'étais affaissée sur lui. Je distinguai à peine Ingrid qui revenait avec le verre, puis je la sentis s'asseoir à côté de moi, de l'autre côté. Je fermai les yeux, même si ça paraissait stupide. Ses mains avaient glissé de ma gorge à ma poitrine. Il ouvrait des boutons, commença à me déshabiller. Je sentis ses mains à elle participer, aussi, jusqu'à ce que je sois nue.

Dans ma tête je luttais, pas contre eux mais pour essayer de savoir ce qu'il m'avait donné. Je ne voyais pas ce qui pouvait me défoncer autant et si vite.

Il me porta à l'étage, mais Ingrid ne nous accompagna pas. Je ne l'avais pas entendu lui dire de rester. Apparemment, elle l'avait compris toute seule.

Quand il me posa sur leur lit, j'attrapai le couvre-lit. Je voulais me couvrir avec. J'avais froid, ce qui me ranimait un peu. Il me gifla suffisamment fort pour que je me tienne tranquille puis il enleva sa ceinture, la plia en deux et me frappa plusieurs fois avec. Au visage, principalement, et sur les seins, mais à cause de la drogue je ne le réalisai qu'après coup.

Il me la passa autour du cou et la glissa dans la boucle, puis m'attacha les mains avec l'extrémité. Peu de temps après, je me réveillai pour de vrai. La saloperie de drogue ne faisait plus effet et je le trouvai installé sur ma poitrine en train de sortir sa bite. Il la frotta contre ma joue jusqu'à ce qu'elle soit dure. Puis il se laissa glisser contre moi.

« Tu vas aimer ça », affirma-t-il. Comme s'il me connaissait plus à fond que moi-même. Ses mains étaient entre mes jambes et m'écartaient, ensuite il me pénétra. Il me baisa lentement au départ, comme pour s'assurer que j'étais bien là et que je ressentais tout.

Je me concentrai sur mes bras. J'avais les mains liées de telle manière que je ne pouvais que très peu bouger les bras sinon je m'étranglais. Je devais les maintenir au-dessus de ma tête, mais pliés, et très vite ça commença à faire mal.

Il se rendait compte de mes efforts – ça se lisait sur son visage. Ce léger sourire que j'en étais venue à attendre. Il avait les bras de part et d'autre de mon corps. Rien ne me dérangeait vraiment, sauf qu'il me regarde d'aussi près ; je ressentis la même envie pressante de fermer les yeux, mais dès que je le fis il empoigna mes mains. Il tira dessus jusqu'à ce que je m'étrangle. Ou qu'il m'étrangle.

Par conséquent, impossible de crier, mais en fait, je ne crois même pas avoir essayé. Je pleurais peut-être, il me semble, mais pas sûr. Je sais que ça dura longtemps. Qu'il me baisa longtemps avant de se retirer. Qu'il bandait encore quand il revint s'asseoir sur ma poitrine en me demandant d'ouvrir la bouche. Il me gifla quand je n'obéis pas, mais pas très fort, il savait que ce n'était pas nécessaire.

J'eus du mal à bien le sucer. Sa ceinture m'étranglait toujours et sa bite m'étouffait – impossible de déglutir. Pourtant, ça paraissait lui plaire. Apparemment, c'était le but, parce qu'il déchargea jusqu'à ce que j'étouffe.

Après ça il se leva. Il remonta la fermeture éclair de son pantalon. Il portait toujours ses chaussures et ses chaussettes, et quand il se passa la main dans les cheveux pour les lisser en arrière, le reflet d'un de ses boutons de manchette resta gravé dans mes yeux.

Il n'avait même pas remonté ses manches, et cette pensée me ramena à Ingrid l'autre soir dans la baignoire, au fait que je ne la comprenais pas vraiment. Mais de voir qu'il portait toujours ses boutons de manchette me persuada que c'était un mensonge. Que je savais pertinemment et que je l'avais su alors. J'avais simplement refusé de l'admettre et je commençais à voir comment ce genre de refus de ma part – cette réticence à admettre des choses plus fortes que moi –, loin de m'éviter des ennuis, me les attirait.

6

Je restai allongée à attendre. Il avait quitté la chambre en me laissant attachée, je ne pouvais pas défaire le nœud, alors j'attendis.

Je ne dormis pas. L'envie pressante de fermer les yeux avait disparu maintenant que j'en avais besoin. La ceinture était fine, elle m'entaillait le cou et les poignets. De temps en temps, j'essayais de me libérer, mais sans conviction, c'était impossible, je le savais, et essayer faisait mal.

Je voulais qu'Ingrid vienne me chercher, mais en même temps, la dernière chose que je voulais c'était qu'elle me voie comme ça – couchée là, toujours attachée et nue, le visage, le cou et la poitrine barbouillés de son foutre. Je ne sais pas ce qu'à mes yeux cela disait sur moi. Je crois que je m'inquiétais plus de ce que ça disait sur elle. Je ne voulais pas lui montrer ce qu'elle était, alors que pour lui ça faisait peut-être aussi partie de son jeu. De l'obliger elle à nettoyer après lui.

Pas un bruit ne filtrait d'en bas. Rien. J'aurais pu me lever. Il ne m'avait pas attaché les jambes. Mais elles refusaient de bouger. Comme si cette partie de moi dormait alors que le reste était totalement éveillé.

Ma poitrine se soulevait comme si elle supportait toujours le poids de son corps. Mes épaules me faisaient mal. Mais mes poignets et mon cou me faisaient encore plus mal et différemment. Je passais de l'un à l'autre. Je reposai mes épaules jusqu'à ce que je ne tienne plus et sois obligée de soulager mon cou.

Ingrid finit par entrer. Elle éteignit la lumière dès qu'elle me vit, sans que je sache laquelle de nous deux elle voulait épargner. Pendant un instant, lorsqu'elle s'assit à côté de moi, j'eus terriblement peur d'elle. Plus que de lui. Et quand elle toucha mes mains, les manipulant pour atteindre le nœud, je m'écartai brusquement. J'émis un son que je ne reconnus pas. Un geignement que je n'aurais jamais cru mon corps capable de produire.

Elle me calma. Elle me caressa les bras jusqu'à ce que je les pose, donnant du mou à la ceinture. Une fois qu'elle eut défait le nœud, elle fit glisser la lanière à travers la boucle. Puis elle me souleva légèrement la tête pour retirer la ceinture.

« Non », lui dis-je quand elle commença à se lever.

« J'en ai pour une seconde. Tu vas voir. »

Je la suivis des yeux à travers la chambre puis vers la salle de bains. Là non plus elle n'alluma pas la lumière. J'entendis couler de l'eau pendant un moment, puis elle revint. Elle rapportait deux serviettes, dont une mouillée.

Elle me nettoya de son foutre, puis alla chercher d'autres serviettes, dont des mouillées. Elle en glissa une sous ma nuque. L'humidité soulagea un peu la douleur cuisante. Elle enveloppa mes poignets dans une autre serviette. Je posai mes mains sur mon bas-ventre, sentir le froid à cet endroit-là me plut, j'écartai un peu les jambes et elle me posa une autre serviette sur les cuisses. Elle fit tout cela comme si elle l'avait déjà fait par le passé – je chassai cette idée, elle m'était insupportable.

Lorsqu'elle eut fini, j'étais dans les vapes. Je me réveillai une fois alors qu'elle fumait une clope. Quand elle vit que j'avais ouvert les yeux, elle me la tendit pour que je puisse tirer dessus. Après ça je dormis toute la nuit.

Au réveil, j'avais mal partout. Elle avait retiré les serviettes mais le coussin derrière moi était humide. Je levai les bras pour tenter de le retourner mais ils refusaient d'obéir. À la place, je me tournai de son côté. Je voulais davantage de couvertures parce que je n'arrivais pas à me réchauffer.

J'étais contente qu'elle ne soit pas là mais je ne voulais pas qu'elle soit partie complètement. Je ne voulais pas penser à lui, or j'étais en train. J'essayais de comprendre ce que la nuit précédente avait de différent. Si cette différence résidait en lui ou en moi, car ça paraissait important. J'aurais aimé lui poser la question à elle, mais je savais que jamais on ne parlerait de la sorte.

Plus tard, elle apporta le café, comme les autres matins, mais dans cette chambre ça paraissait déplacé. Elle m'aida à m'asseoir parce que seule je n'y arrivais pas, et je commençai à m'inquiéter de tout ce que je ne pouvais pas d'autre.

« Il sera absent un temps, dit-elle en me tendant une tasse. Tu le bois comment ? J'ai oublié. »

Cette remarque me blessa, alors je ne lui répondis pas. Elle me versa du lait. Sans ajouter de sucre comme si elle avait fini par se rappeler mais refusait de l'admettre.

« Tu devrais partir pendant qu'il n'est pas là.

– Je devrais », dis-je, et c'est comme ça que ça commença.

Elle me regarda d'un drôle d'air. Comme si jamais personne ne lui avait suggéré avant ou que ça ne lui était jamais venu à l'esprit. Comme si elle y pensait tout le temps.

« Oui, tu devrais », dit-elle, comme pour mettre un terme à la conversation. Elle commença à se lever. Je lui saisis le poignet et la forçai violemment à se rasseoir. Tout ce qui se trouvait sur le plateau à côté de nous se renversa.

« Laisse », dis-je quand elle commença à s'activer. Et comme elle continua à s'occuper du plateau je le lui pris des mains, me retenant avec peine de tout jeter à travers la chambre.

L'ennui, c'était que ça l'aurait atteint. Ça aurait fonctionné. Et ce qui me troublait aussi c'était que ma force et ma lucidité venaient de la colère que je ressentais pour elle, alors que je n'en avais pas pour lui. En prendre conscience réveilla les douleurs dans mon corps, ou me fit remarquer que j'avais toujours mal.

Je posai le plateau par terre et lui demandai : « Tu ne l'as jamais envisagé ?

– Une fois, dit-elle. Après que notre fille est… » Elle s'arrêta puis reprit. « Après qu'elle est partie. Tu ne vois pas qu'il ne me laissera jamais partir ?

– Je sais.

– Il me retrouverait.

– Peut-être.

– Toi en revanche, tu ferais mieux de te tirer. »

J'allumai une cigarette. Puis, en voyant sa tête, je la lui donnai et en allumai une autre. Je fis : « Il me doit toujours de l'argent. » Je dis cela juste pour gagner du temps. Je ne voulais pas partir. Je ne me voyais pas partir.

« Je te payerai. Je te paye tout de suite si c'est la question. »

Elle fit de nouveau mine de se lever. Je ne la retins pas cette fois. Je dis juste : « Non, s'il te plaît, reste avec moi. »

On n'évoqua plus le sujet de la journée et je ne fis rien pour partir. On traîna, sans rien faire. Elle ne s'était toujours pas occupée des claies ni de la piscine. On se balada dans le jardin et elle n'évoqua pas ces sujets. En fin d'après-midi, on partit faire un tour en voiture.

C'était comme si on n'était pas sorties depuis tellement longtemps. Ce fut si facile, ça me surprit. Je m'attendais à moitié à ce que quelqu'un nous en empêche, qu'un flic nous arrête et nous renvoie à la maison, voire peut-être des hommes en imper et chapeau au volant d'une berline.

« On pourrait simplement se tirer en voiture », dis-je parce que ça m'était venu à l'esprit.

Elle me regarda comme si elle rêvait que ce soit vrai et savait que non. Comme si c'était l'idée fantasque d'un enfant. J'eus l'impression d'être un enfant, puis me comportai comme tel, en faisant la moue.

« Tu es adorable », dit-elle.

Qu'elle dise cela me plut, mais ensuite quand elle tendit la main vers moi je me recroquevillai, blottie contre la portière, et je restai longtemps ainsi.

Je n'arrivais pas à comprendre comment j'étais arrivée là. On roula encore et encore, sans s'arrêter nulle part. Finalement elle fit demi-tour et on rentra.

On mangea ce qu'on trouva dans le réfrigérateur puis on monta dans sa chambre. Une fois la nuit tombée, je dis : « C'est ça qu'ont fait les autres ? Se barrer à la première occasion ? »

Elle ne me répondit pas mais je la vis hocher la tête pour approuver.

« Votre fille aussi ? »

À cette question, elle se mit à pleurer, mais quand elle parla, elle dit : « Tu ne comprends pas ? Il faut que tu partes. Ça ne fait qu'aggraver les choses.

– Comment ça ?

– Il s'attend à ce que tu sois partie. Il prendra quelqu'un d'autre.

– Pourquoi tu fais ça ?

– Pourquoi je fais quoi ? Je vis ma vie. C'est toi qui veux mourir.

– De quoi tu parles ?

– Pourquoi tu ne pars pas ? Un point c'est tout.

– Je te retourne la question.

– Et je t'ai répondu. »

Et, pour me faire taire je suppose, elle se mit à m'embrasser. Au début je ne voulais pas. Ça paraissait déplacé. Mais rapidement elle était allée assez loin pour que je me fiche de savoir comment ça avait commencé. Tout ce qui m'intéressait, c'était mes sensations et qu'elle me fasse jouir.

Après, de nouveau tout paraissait malvenu. Je me sentais mal aussi, et triste. Mais ça semblait se passer à l'intérieur de moi. Comme si ça n'avait plus rien à voir avec elle.

Je me mis à m'occuper d'elle simplement pour fuir ma solitude. Ça marcha assez vite. Tout aussi bien que ce qu'elle m'avait fait. Et je pouvais me nourrir de ses bruits et de ses mouvements, de son désir pour moi. Ça me transporta très loin. Alors quand elle eut fini, ou que je l'eus finie, c'était presque comme si c'était tout ce qu'il y avait eu entre nous. Et que tout ce dont nous avions jamais eu besoin ou envie, c'était dormir.

7

On se ficha la paix sur le sujet pendant un jour ou deux. Puis on commença à faire des projets. C'est elle qui commença. De but en blanc, elle dit : « On pourrait partir ensemble. »

Elle dit qu'il allait falloir mettre de la distance entre lui et nous. Ce serait nécessaire, au départ, et après, le plus sûr pourrait être de revenir. Pas ici mais pas loin. Assez loin pour qu'il ne tombe pas sur nous par hasard, assez prêt pour qu'il ne pense pas à nous chercher là.

À sa manière de dire tout ça, je sus qu'elle y avait beaucoup réfléchi. Pensé à tous les détails. Même tout prévu pour deux, et c'est là que je pensai à leur fille. Je m'inquiétai à l'idée que c'était pour ça qu'elle disait qu'elle devrait revenir plutôt que d'aller plus loin. Ça m'inquiéta encore toute une journée avant que je ne lui pose la question.

« Non, ce n'est pas pour ça », affirma-t-elle, si catégoriquement que je la crus, décidant que l'école de la fille se trouvait sûrement en Suisse, ou ailleurs, mais tout aussi loin. Mais ensuite, l'idée que son mari était allé là-bas m'inquiéta. Peut-être même s'y trouvait-il à l'heure qu'il était. Et je n'aurais pas dû demander, mais impossible de ne pas.

Elle dit : « Tu crois que je permettrais une chose pareille ? Tu penses ça de moi ?

– Qu'est-ce que ça peut te faire ce que je pense ? T'as qu'à voir où il m'a trouvée. »

On laissa tomber. Je crois que chacune de nous deux s'en voulait. Moi en tout cas, je m'en voulais. Je savais qu'il fallait que j'arrête d'insister au sujet de la fille. J'essayai, mais je n'arrêtais pas de trébucher dessus. De nouvelles questions me venaient sans que je puisse les empêcher, jusqu'au soir où, assises sur le canapé à boire des verres, je lui demandai son âge. Je dis : « Quel âge a ta fille ?

– Seize ans, dit-elle. Elle aura toujours seize ans. Tu comprends maintenant ? Tu vas me laisser tranquille ? »

Je ne parlai pas tout de suite. Je ne fis rien. Elle alla se servir un autre verre. Lorsqu'elle revint s'asseoir elle me demanda une clope. Je lui en tendis une et la lui allumai.

« Ça fait combien de temps ? » demandai-je, parce qu'à mes yeux c'était une question pratique – un truc qu'il fallait que je sache.

« Cinq ans. »

Elle avait toujours les yeux dans le vague. Je savais qu'elle me dirait tout ce que je voulais savoir si je pouvais prendre sur moi et l'inciter à parler. Je voulais connaître toute l'histoire. Je me disais que j'en avais besoin, alors je me mis à la questionner.

« Délibérément ? » dis-je.

« Non, non. Il s'est emporté. Ça ne lui ressemble pas mais c'est ce qui est arrivé.

– T'étais où ? » demandai-je. J'entendis la peur percer dans ma voix. La peur qu'elle se soit trouvée à côté, à regarder.

« Je suis rentrée et il était sur le canapé, assis à ta place. Il m'a dit de monter et de passer la voir. Je l'ai trouvée exactement comme je t'ai trouvée l'autre soir.

On a appelé la police. Enfin, lui. Il a appelé quelqu'un qu'il connaissait. Un procès-verbal a été établi, décrivant un accident. Je ne sais pas s'il lui arrive d'y penser, sauf qu'il ramène des filles comme toi à la maison. Je ne sais pas si ça veut dire qu'il y pense.

– Toi, tu y penses.

– Oui, j'y pense », dit-elle. Et elle me regarda pour la première fois depuis le début de cette conversation.

On monta une nouvelle fois dans son lit, mais déjà tout entre nous était différent. Avant, notre fatigue avait un côté vaporeux, mais à présent, elle avait une acuité, comme si nous en connaissions la cause. On se coucha, d'abord sans se toucher. Les lumières étaient éteintes, la chambre parut d'abord plus petite, puis plus grande – on pouvait s'y perdre.

Je me levai et allai dans la salle de bains. En fait, je voulais juste être ailleurs une minute. Sans elle, même si j'étais incapable de le supporter très longtemps.

En revenant je jetai un œil à la piscine dehors. Je m'arrêtai, immobile, mais les lumières n'étaient pas allumées ce soir. Tout n'était qu'obscurité. Quand je me remis au lit, je me cramponnai à elle. Je ne savais pas quoi faire sinon la toucher. Mais je n'étais pas certaine de ce qu'elle voulait. Et si elle voulait.

Je compris rapidement que oui à son corps. Je me détendis comme jamais avant. Au lieu de sa résignation habituelle,

elle devint vraiment sereine. Quelque chose dans cette douceur me rendit douce. Et je fis tout lentement et avec tendresse. Je la caressai et l'embrassai comme ça.

Elle était sur le dos et je passai un bon bout de temps simplement à la toucher, ses bras et ses épaules, son ventre. Et au bout d'un moment elle commença à me dire des choses qui ne pouvaient pas être vraies mais que je voulais entendre. Des choses que j'avais toujours rêvé d'entendre. Elle me dit que je comptais pour elle. Que j'avais fait la différence, changé quelque chose pour elle.

Je me collai contre elle, l'embrassai sur la bouche comme jamais je ne l'avais embrassée. Elle m'attira plus près contre elle en me tenant fermement, je la serrai aussi, jusqu'à ce que je ne puisse plus. Puis je la fis glisser plus sur le dos, pressai mon corps contre le sien et commençai à me frotter contre elle. Et même s'il ne s'agissait pas de ça, je le transformai en ça. Bientôt je l'embrassai de ma manière habituelle, en lui ouvrant les jambes et en essayant très fort de faire de cette fois juste une fois de plus.

Elle me laissa faire. Peut-être m'aida-t-elle, même, car au bout d'un moment elle s'était mise sur le ventre. Me demandait de la baiser. Aussitôt elle demanda plus fort et je lui obéis. Moi aussi je voulais ça pour moi, mais je ne voulais pas le lui faire comme ça. Enfin je ne crois pas. Mais impossible d'en être sûre, parce que je suivais déjà son mouvement. Sa façon de soulever les hanches puis de s'écrouler. Les bruits qu'elle faisait. Mais quand elle me demanda de la frapper, je m'arrêtai.

On n'avait encore jamais fait ça. Je ne m'en croyais pas capable. Même si elle avait besoin que je le fasse. On avait fait la moitié du chemin et un peu plus. On était si loin de notre point de départ que je me disais qu'on n'y retournerait jamais. Et j'avais peur que le seul retour possible consiste à faire ce qu'elle demandait. Et puis, aussi, je supposais que la seule raison qui motivait mon besoin maladif de revenir à la douceur d'avant était la tournure vraiment hard que ça prenait. Et je ne pensais pas que ça me plairait, la tendresse, une fois arrivées là. Je pensais qu'à la place ça me foutrait par terre.

Il était déjà trop tard. Je l'avais laissée là-bas toute seule et elle se détourna de moi. Elle remonta les genoux sur sa poitrine et resta couchée en silence. Je sus que tout ce que j'entreprendrais à présent, que ce soit doux ou le contraire, serait forcé. Elle était inapprochable à ce point.

Alors je me levai. Je la laissai seule parce que je l'avais déjà fait. Et je descendis les escaliers, consciente que je l'avais déçue. Que je l'avais poussée à désirer quelque chose, puis abandonnée seule avec son désir. Qui étais-je pour décider de ce qui était bon pour elle ? Même si en fait ça n'avait rien à voir. En réalité, j'avais peur. Et je ne savais pas exactement d'où venait cette peur, c'était ça le problème. Sauf que ce n'était pas vrai non plus. Le problème, c'était ce que j'aurais pu lui faire. Que j'aurais pu faire si bien ce qu'elle exigeait de moi.

Je passai le reste de la nuit sur le canapé. Pelotonnée sous le même plaid dont on s'était servies au bord de la piscine. Je ne dormais pas exactement. Je flottais dans un demi-sommeil, et quand je l'entendis entrer dans la pièce, ne sachant pas à quoi m'attendre, je fis semblant de dormir. Elle remonta la couverture sur moi, s'assit à côté de moi et me cajola, et c'était comme si la soirée précédente n'avait pas eu lieu.

Je réussis presque à le croire le temps d'avoir envie de me lever et de m'habiller, le temps de me rendre compte de mon incapacité à porter les mêmes vêtements que les autres jours. Puis je la regardai différemment – comme je l'avais regardée la veille.

Elle parut ne pas le remarquer, ou peut-être que si, parce qu'elle se mit à me dire des choses. Du même genre que la veille, des trucs sur ses sentiments pour moi. C'est là que je pris peur. Pas parce que je savais que je ne devais pas la croire, mais parce que je désirais tellement qu'elle me dise ces choses, qu'elles soient vraies ou non. Je savais que j'étais à deux doigts de me laisser piéger par ses faux-semblants, alors je me mis aussitôt à lui demander quand il rentrerait.

Pensant que ça me protégerait de l'un comme de l'autre, je continuai à la questionner. Mais à ce moment-là, elle ouvrit les bras et j'allai vers elle. Je la laissai me parler et me cajoler. Elle me dit de ne pas m'inquiéter, qu'on serait parties avant son retour. Ses paroles et ses gestes me renvoyèrent à mon point de départ. Alors je cessai de demander et me mis à deviner.

J'avais complètement perdu la notion du temps. Je n'avais aucun moyen de savoir depuis combien de temps il était parti – une semaine, dix jours peut-être. Je ne pensais pas qu'il serait absent bien plus longtemps, mais comment savoir ? Il ne s'attendait clairement pas à ce que je sois toujours là à son retour. Elle savait clairement à quoi s'attendre.

Petit à petit, je la laissai prendre de plus en plus le dessus. Mais des questions me harcelaient toujours. Je ne les avais pas posées. Elles se résumaient à « Comment as-tu pu le laisser faire ? », une formulation qui rejetait davantage la faute sur elle que sur lui alors que ce n'était vraiment pas mon but. Pour moi, ça avait un côté pratique. Comme pour savoir si je pouvais compter sur elle. Même un peu.

Alors je me remis à la questionner, à lui demander quand il rentrerait. Jusqu'à ce qu'un soir, pas bien longtemps après, alors que nous étions couchées à peu près de la même manière, j'insiste trop. Elle me lâcha. Elle se leva et fit quelques pas. Puis elle s'en prit à moi. « Tu veux qu'il rentre. Il te manque. »

Elle le dit comme si ça venait de lui traverser l'esprit. Mais ça ne m'était pas encore venu. L'idée que peut-être j'avais besoin de lui ne m'avait pas effleurée. Que c'était plus simple quand il était là. Que le danger auquel elle m'exposait était pire. Et à cause de cela, parce que je voyais qu'elle avait peut-être raison, je dis : « Non, pas du tout. Ça m'inquiète, c'est tout.

– Je n'y crois pas, dit-elle. Tu oublies que je t'ai vue avec lui, j'ai vu ce que ça te faisait.

– Qu'est-ce que tu racontes ?

– Tu ferais tout. »

À présent j'étais en colère, je ravalai des larmes mais n'avais rien à dire.

« Tu prétends que c'est pour l'argent. Que sans l'argent tu ne serais jamais venue ici. Que ça te rend différente de moi…

– C'est pour ça que je suis venue.

– Oh, je t'en prie. Tu ne peux pas y croire une minute, alors comment voudrais-tu m'en convaincre ? »

Ses mots me renvoyèrent à la première fois avec lui dans le parking. Même sa façon de m'aborder avait été différente. Il était venu droit sur moi et avait dit : « Tu cherches quelque chose ? » Ensuite il avait ri et dit : « Ma voiture est là-bas. » Et comme je ne lui emboîtais pas le pas immédiatement, il m'avait pris le bras. Il avait dit : « Allons-y, poupée. » À ce moment déjà il m'avait fait penser que ce serait plus simple comme ça. Que de toujours mener le jeu avait commencé à me fatiguer, alors pourquoi ne pas le laisser le faire ?

8

Je passai cette nuit dans la chambre de leur fille. Je pensais que ce serait moi qui partirait. Que je partirais le lendemain matin. En laissant la place à la suivante. Pas un instant je ne crus qu'elle partirait, pourtant c'est ce qui arriva. Elle l'avait vraiment fait. Et moi j'avais dormi comme une souche. Alors maintenant, je me disais qu'il fallait que je me tire vite fait. En espérant qu'il ne ferait pas le lien entre son départ à elle et moi.

Je n'avais pas beaucoup d'argent. Les mêmes quelques billets de cent qu'il m'avait donnés avant que tout ceci ne commence. J'envisageai de fouiller partout pour en trouver plus. Je me disais qu'il ne fallait pas que je retourne à la maison de mes parents. Qu'il viendrait sans doute voir. Quatre cent dollars ne me mèneraient quasiment nulle part.

Je supposai qu'il y aurait un temps de battement. Qu'elle n'avait pas prévue de partir maintenant et que par conséquent, il ne rentrerait pas tout de suite. J'appelai un taxi et rentrai chez moi. Ce fut si facile, ça me surprit. Je n'arrivais pourtant pas à me libérer de mon inquiétude, même après avoir pris une douche et enfilé un jean et un chemisier à moi. Une fois assise sur le canapé du salon de mes parents, à boire leur alcool et non le sien, je m'attendais encore à ce que quelqu'un m'arrête.

Je restai beaucoup à la maison. Sortant juste pour acheter à manger, des trucs comme ça. Mes nerfs se calmèrent assez vite, tant mieux parce que je commençais à manquer d'argent. J'envisageai sérieusement de reprendre mon ancien boulot, vraiment, pendant une minute ou deux, avant de décider que j'avais besoin de faire rentrer un peu de cash avant de réfléchir à ce type de truc.

Je me rends bien compte que retourner au parking ne semblait pas la meilleure chose à faire, ni la plus maligne. Or j'étais déjà plus détendue. Je pensais que comme je n'étais plus chez lui, c'était fini. Qu'il ne pourrait pas m'atteindre et n'en prendrait pas la peine. Je pensais même que je pouvais recommencer à me le taper dans sa voiture. Que ça ferait sens, parce que comme il voulait plus, il paierait plus. Non seulement je pensais ça, mais en plus je commençais à le croire.

Alors je me remis à faire des passes avec des banlieusards. Et apparemment, je ne m'étais pas trompée parce que de lui, nulle trace. Les anciens réguliers semblèrent heureux de me voir, aussi j'augmentai un peu mes tarifs. Je me mis à gagner plus avec moins de types. Je commençai à les apprécier, puis ça finit par m'ennuyer.

En venant vers moi, il dit : « Il paraît que tu vaux le coup. »

Je pensais, habituellement ils ne parlent pas comme ça. Je répondis : « Ça dépend. Tu veux quoi ? »

Il dit : « Allons parler dans ma voiture. »

La nuit était déjà tombée et elle était fraîche, du coup ça paraissait une bonne idée, ou du moins pas une mauvaise. On traversa le parking jusqu'à l'autre extrémité. C'était la seule voiture encore garée si loin, un berline verte à quatre portes. Un coup d'œil me suffit à comprendre. La bagnole typique.

Il me tenait par le bras.

Je dis : « Écoutez, en fait, non. Pas ce soir. »

À qui voulais-je la faire ?

Je pouvais voir son équipier attendre sur la banquette arrière. C'est lui qui ouvrit la portière. Le type derrière moi me poussa et lui tira. Puis il me passa des menottes et les fixa à une poignée métallique sur la portière, le genre qu'on voit parfois dans les taxis. Je la remarquai parce que ma tête avait cogné contre, mais avant ça déjà j'étais hébétée. Au point que je mis un moment à comprendre où je me retrouvais. Pour ça il avait fallu que je sente des mains dans mes cheveux, puis je tournai la tête sur ses cuisses, l'autre me poussait toujours par-derrière.

J'avais un genou sur le siège, l'autre par terre, j'étais ramassée sur moi-même. Et le type derrière moi ne me poussait plus, à présent il tirait. Il tira sur mes vêtements jusqu'à tout m'enlever sauf mon chemisier.

L'autre type était trop occupé avec ses propres vêtements pour se soucier des miens. Il avait passé ces quelques instants à sortir sa bite pour me la fourrer dans la bouche. Il n'avait pas dit un mot, il me pressait fermement contre lui, à tel point que ça me faisait mal à la nuque. Et vu la position de ma tête, j'avais du mal à faire ce qu'il voulait, à le prendre dans ma bouche.

Le bavard, c'était l'autre. « Il paraît que t'aimes te faire enculer. Je me trompe ? » dit-il. Il me bousculait par-derrière et de ses mains il m'écartait et me caressait. « Je crois pas », dit-il en riant. Je sentis que je mouillais puis qu'il frottait sa bite contre moi.

Il me fit mal quand il me pénétra, parce qu'il le fit lentement, en s'immobilisant juste à l'endroit où la douleur reste aiguë parce qu'on ne peut pas se relâcher, et on ne peut pas se relâcher à cause de la douleur. Je savais qu'il restait là exprès. En d'autres circonstances, je suppose que j'aurais mordu quelque chose, mais avec l'autre type dans la bouche, ce n'était pas une bonne solution alors à la fin, impossible de rester immobile.

Je me contractai, de tout mon corps. Et le mouvement de ma tête et de ma bouche fit décharger le type, mais il n'était pas prêt, j'imagine, parce qu'il retira rapidement sa bite et m'insulta. Je ne sais pas, je lui avais peut-être fait mal. Je voyais qu'il voulait sortir de la bagnole. Mais moi aussi.

J'essayais toujours de le prendre dans ma bouche. Et le type derrière moi ne me facilitait pas la tâche. Il avait la main sur ma nuque, il appuyait. Me pressait contre les cuisses de l'autre. Et puis, toujours dans mon cul, il commença à balader sa bite. Il entrait et sortait, je suçai de plus en plus fort, jusqu'à ce que je tire sur mes bras. Jusqu'à ce que les menottes m'entaillent les poignets et ça m'aida, ça me calma.

Lui aussi se calma. D'un calme qui me fit penser qu'il m'avait oubliée et s'était souvenu de lui-même. C'est quand je le sentis s'enfoncer à fond que je faillis pleurer. De soulagement. Je relâchai mes bras et me laissai m'enfouir dans les cuisses de l'autre, je voulais qu'il se remette à jouer avec mes cheveux.

Celui de derrière avait placé une main sous moi. Il me soutenait presque. Il avait sa main contre mon ventre, et mon corps cognait contre le sien. Je sentais son autre main entre mes jambes, ses doigts qui me branlaient.

Il continua assez longtemps, suffisamment pour que je puisse me perdre dans les mouvements de ses mains. Mais ensuite il jouit, et quand ça arriva il se retira vite, comme l'autre avant lui. Il ordonna à l'autre de me détacher. Le type n'attendait que ça et s'exécuta rapidement. Il était déjà en train de sortir de la voiture, me laissant seule avec le bavard.

Il me passa de nouveau les menottes, les mains attachées derrière le dos cette fois. « Tu es jolie », dit-il, et il déboutonna mon chemisier, dégrafa mon soutien-gorge, et pendant un temps, il se contenta de regarder. Puis il posa deux doigts sur mes lèvres et les enfonça de force dans ma bouche. Il les fit glisser sur mon menton et ma gorge, mes seins. L'un, puis l'autre.

« Tu es jolie partout », dit-il en écartant mes jambes. D'abord il se contenta de regarder, mais ensuite il me caressa, donc à ce moment-là on savait tous les deux que j'étais mouillée. « Alors t'en as pas eu assez. »

Il dit ça en enfonçant ses doigts en moi, il me baisa un peu puis s'arrêta. « T'en fais pas, dit-il, t'en auras autant que tu veux. »

Ensuite il se remit à rire, et je tirai de nouveau sur les menottes pour qu'elles m'entaillent les poignets. Et après avoir ri et regardé encore, il dit : « Voyons voir. On t'a lu tes droits. »

J'acquiesçai, parce que quelle importance ?

« Et, intelligente comme tu es, tu les comprends. »

J'acquiesçai encore.

« Parfait, dit-il. Alors je crois qu'on y est. » Il ouvrit la portière qu'il n'avait jamais vraiment fermée. Il sortit puis se pencha vers l'intérieur. Il trouva mon sac quelque part par terre et, après avoir jeté un œil sur son contenu, il le jeta sur le siège avant. Puis il ramassa mes vêtements par terre et les lança dans ma direction. Il dit : « Tiens, habille-toi. » Après il se remit à rire.

Ils montèrent tous les deux dans la voiture. Il conduisit. J'étais assise à l'arrière. Je m'appuyais fermement contre le dossier parce que cette position ne me faisait pas mal, sauf aux poignets. Et en outre, la douleur n'était pas si aiguë, alors que penchée en avant, j'étais bringuebalée.

J'avais les pieds posés au sol mais je n'aimais pas son contact sans chaussures – rugueux et collant par endroits, réchauffé par le ventilateur. Toute la voiture donnait cette impression-là, le siège contre ma peau était moite et je voulais qu'ils ouvrent la fenêtre. Mais le pire, c'était de savoir qu'on serait bientôt arrivés. Le poste de police ne se trouvait qu'à quelques pâtés de maisons.

Comme prévu, on y arriva vite. Le type silencieux entrait déjà alors que l'autre n'avait même pas encore coupé le moteur. Moi, manifestement, je devais attendre. Il fit le tour et ouvrit ma portière, me dit de descendre. Le bitume était froid, je passai d'un pied sur l'autre sans pouvoir m'empêcher de trembler. Il enleva son manteau et me le mit sur les épaules. Toutefois il ne le boutonna pas. Il fouilla dans la bagnole à la recherche de mes habits et de mes chaussures. Puis il roula tout en boule et les rangea sous son bras avec mon sac. Ensuite je sentis sa main sur ma nuque me guider.

Ce n'était pas l'un de ces commissariats agités, on était dans une petite ville. Il n'y avait pas plus de deux ou trois flics présents, eux et un fonctionnaire à l'accueil assis derrière un vrai bureau, petit et sans rien d'imposant. Il appela mon escorte « Pete ». Il dit : « Qu'est-ce que t'as là, Pete ? »

Pete répondit : « À ton avis ? »

Vous pensez peut-être que comme il n'y avait pas beaucoup de monde, être debout comme ça me gênait moins, mais en fait c'était pire, parce que du coup tous ceux qui étaient là ne me quittaient pas des yeux. Ils n'avaient rien d'autre à faire, alors ils prenaient leur temps.

Ce fut donc un homme qui me fouilla, et comme il était plus vieux et mal à l'aise, ce fut encore plus pénible. J'aurais préféré que Pete le fasse, même si celui qui s'y collait avait au moins récupéré ma jupe. Il me laissa la remettre, tout comme mes chaussures et mes bas, et il me laissa boutonner mon chemisier. On ne me rendit jamais ma culotte.

J'étais la seule fille là-dedans. Et il n'y avait que deux hommes dans la cellule adjacente, trop bourrés pour faire beaucoup attention à moi, après une petite ovation d'accueil. Je m'assis sur le banc, celui qui longe les murs dans ce genre de cellule et en fait presque tout le tour. Je voulais marcher mais je me retins en pensant, de quoi j'aurais l'air. Et comment je me sentirais, aussi. Ça me remettrait un peu d'aplomb, me rappelant un peu plus où j'étais.

Assise, je pouvais fermer les yeux et oublier – n'être presque pas là ni nulle part.

Je voulais une clope. J'en avais envie depuis longtemps. Mais je savais qu'il me faudrait pas mal de temps avant de pouvoir demander des faveurs. Je me disais que j'en serais capable en l'absence de Pete. Ou s'il était le seul présent. J'avais toujours les yeux fermés mais je l'entendais faire aux autres un compte rendu de mon arrestation. Ils ne faisaient pas de commentaire, grommelant juste de temps en temps. Comme celui qui m'avait fouillé, ils paraissaient avant tout mal à l'aise.

Je ne pouvais pas dire si j'étais mal à l'aise. Je n'écoutais pas vraiment mais j'entendis quelques bribes, puis d'autres. Ensuite j'ouvris les yeux. Pete était en train de dire : « Je l'ai fait monter dans la voiture, et là, je lui montre mon insigne, et vous savez ce qu'elle fait ? Hein ? Elle déboutonne son chemisier. Elle me montre ses seins et me dit que je peux les lécher. Elle se met à tirer sur ma ceinture, et comme ça ne marche pas elle enlève sa jupe et le reste avec. Refuse de remettre ses vêtements. Se dandine devant moi. J'ai dû la menotter pour la faire tenir tranquille. Demandez à Ed. »

Ed n'était pas dans les parages, apparemment, et bientôt Pete fut parti lui aussi. C'est là que quelque chose en moi bascula. Quand je remarquai qu'il était parti, ma respiration changea et je pensai que je risquais de chialer si on ne me filait pas une clope. Le fonctionnaire de l'accueil me donna mon paquet. Il m'en alluma une et peu après une deuxième, même si j'avais déjà commencé à me rationner. En comptant combien il en restait et combien de temps elles me permettraient de tenir.

Toute la nuit se passa ainsi. À compter. Les heures, les barreaux, les parpaings – tout et n'importe quoi pour m'empêcher de m'interroger sur la façon dont j'avais atterri ici. Et sur qui trempait dans la combine.

9

Le lendemain à la première heure, Pete et Ed m'emmenèrent au tribunal du comté. Ils s'étaient douchés et changés. Ils avaient même probablement dormi. Je portais les mêmes vêtements.

Il me donnèrent dix minutes avec mon avocat commis d'office. Je les consacrai presque entièrement à m'assurer qu'il ne voie pas que je n'avais pas de culotte. Je me concentrais sur ça vu qu'il était clair depuis le départ que je ne maîtriserais rien d'autre.

Le type dit s'appeler Jimmy quelque chose. Il commença à parler avant même de s'asseoir. Il m'apprit qu'un citoyen préoccupé s'intéressait à mon cas. Il employa réellement ces mots-là. En tout cas, son citoyen préoccupé était prêt à payer la note pour ma réinsertion.

« Réinsertion dans quoi ? » dis-je.

Jim me regarda d'un air de dire, « soyez sérieuse ». Puis il ajouta : « C'est avantageux. Comme ça votre délit reste mineur. Ce ne serait pas possible, autrement.

– Bon, fis-je. Combien de temps ils pourraient me garder ?

– Ils ont refus d'obtempérer et tentative d'agression sur agent. »

Cela me dégrisa. Apparemment, me faire baiser dans la voiture n'était que le début des saloperies qu'on me réservait, que le mari d'Ingrid me réservait.

J'aurais dû m'en rendre compte plus tôt mais je m'étais interdit de réfléchir. Même pas une minute. Je n'arrivais pas à croire qu'il me consacre tout ce temps et tout cet argent. L'arrestation, ouais, bien sûr, mais ça ? En même temps, s'il ne pouvait pas avoir Ingrid, qui restait-il ?

Je pris un air absent. Laissai Jim m'exposer la situation. Un centre de réintégration privé. Une proposition supposée m'enthousiasmer. Me faire sentir que j'avais de la chance. M'épargner soixante à quatre-vingt-dix jours de taule avec les vraies criminelles.

« Combien de temps ? » dis-je, comme si j'avais l'ombre d'un choix.

« Ça dépend de vos progrès. »

Je me demandais si Jim croyait vraiment un traître mot de ce qu'il racontait. Difficile de conclure quoi que ce soit à sa manière d'expliquer. À force de parler tout le temps il avait la voix cassée, mais sinon il avait débité son laïus sur un ton monocorde. J'étais mieux disposée à son égard pourtant, parce qu'apparemment il faisait autant d'efforts pour ne pas regarder sous ma jupe que moi pour l'empêcher de voir. J'en conclus qu'il ne trempait pas dans la combine.

Une audience informelle eut donc lieu, à huis clos. Le juge me donna la possibilité de parler. Il la formula ainsi : « Avez-vous quelque chose à déclarer pour votre défense ? » Je décidai que non. Le citoyen préoccupé ne se montra pas, or la plainte originelle émanait de lui, semblait-il.

Le même jour à quatre heures de l'après-midi, je fus fouillée de nouveau, par une femme cette fois et plus soigneusement. Elle me donna d'autres vêtements puis me boucla, seule. Absolument seule. Elle devait avoir des instructions, je suppose.

Je ne sais pas combien de temps cela dura. Combien de temps je restai seule dans cette pièce. J'avais cessé de compter. J'avais abandonné l'idée en quittant la cellule du commissariat. Ils m'apportaient de la nourriture, passaient me voir et m'allumaient des cigarettes. Ils m'emmenaient aux toilettes, mais il fallait que je demande et ils restaient là à mater.

La pièce était trop petite pour faire les cent pas mais je me retrouvais à l'arpenter quand même. Je ne dormais pas vraiment. J'avais ressenti une aversion immédiate pour le matelas, posé dans un coin à même le sol. Il était du genre plastifié, sans draps, je n'aimais pas ça. Mais du coup, y mettre le feu devait sans doute être plus difficile – j'y avais pensé mais je n'étais pas passée à l'acte, ça paraissait presque trop prévisible. Le plus déplaisant, c'était que j'y voyais mal. La pièce était trop sombre, de jour comme de nuit, la seule lumière venait du couloir.

Je déduisais l'heure du contenu de mes plateaux repas. Je me fiais à ça, puis je ne pouvais plus avaler que des toasts. Ensuite je tentai de me rappeler quelle femme faisait quel service. Une gentille, puis deux méchantes et ensuite de nouveau la gentille

Je savais que la fille sympa, Gail, bossait la journée. Mais rapidement je trouvai plus facile de me dire qu'elle faisait la nuit, de minuit au petit matin. Je souhaitais même très fort que ce soit vrai car ainsi elle aurait pu passer plus de temps avec moi. La femme qui effectivement faisait la nuit avait visiblement du temps à revendre.

Gail était très occupée mais passait quand même du temps avec moi. Elle entrait et s'asseyait avec moi sur le matelas. Elle me parlait. Elle m'allumait mes cigarettes comme par sympathie, au lieu de me rappeler que je ne pouvais pas le faire moi-même. Au lieu de m'obliger à la supplier à genoux. Et pas une fois elle ne m'obligea à manger. Elle essaya parfois de m'y inciter, mais avec douceur, sans jamais me forcer.

En ce sens, c'était bien qu'elle fasse la journée, ça me faisait deux repas avec elle, et uniquement le dîner avec celle qui me forçait, qui posait son bras sur ma nuque et insistait. Ces choses quotidiennes avaient commencé à organiser ma vie.

C'est Gail qui m'amena Beth. Je me dis parfois que si Gail n'avait pas fait ça, je croupirais encore dans ce trou. On comprend assez vite pourquoi les gens appellent cet endroit comme ça. L'obscurité, le fait qu'on distingue mal les contours.

Bref, Gail fit entrer Beth. Son premier geste fut de me prendre dans ses bras. Même dans la lumière blafarde je pouvais voir l'expression de son visage.

Je me remis à compter, à compter les jours. Et pendant cinq jours, le premier inclus, Beth entra dans la pièce. Le sixième et le septième devaient tomber le week-end, parce qu'elle ne vint pas et Gail non plus. Le lundi, elles étaient de retour toutes les deux.

Le lendemain, je sortis pour la première fois. Beth m'emmena. Dehors. Et je commençai à me demander d'où diable elle sortait parce que ce petit geste – m'emmener dehors à l'air libre – paraissait immense et important et presque irréel, et je ne voyais pas où elle avait puisé la force pour le faire.

Je découvris rapidement que j'étais pas mal affaiblie. C'était un peu vallonné autour, avec des bois. On aurait dit que si on pouvait courir – si on en était physiquement capable, je veux dire, pas comme moi – on aurait vite fait de se barrer. Je n'avais vu ni chiens ni gardiens, mais on ne s'était pas approchées des grilles.

Ce genre de chose me traversait l'esprit ; sans s'y fixer vraiment. Même si ça me travaillait, je n'en avais pas vraiment conscience parce que Beth réclamait toute mon attention. Elle me prenait le bras quand nous marchions. M'aidait à gravir les petites côtes.

Cette semaine-là, j'avais un peu dormi. Allongée sur le matelas plutôt que pelotonnée dans le coin à combattre le sommeil. Plutôt que d'essayer de rester éveillée dans le coin le plus éloigné de la porte comme si ça pouvait me protéger de la femme qui faisait la nuit et de qui elle pourrait amener avec elle. De qui elle pourrait laisser entrer en restant assise devant la porte, à monter la garde, et en se faisant sans doute de la thune sur mon dos.

Ces dernières nuits, je m'étais étendue de tout mon long et j'avais dormi. Et quand ils entrèrent, je les laissai faire, car je me rendis compte qu'en faisant semblant de dormir, ça passerait plus vite. Effectivement, ça parut moins long, et je me fis moins cogner. Et je pensais que je la verrais le lendemain. Beth. Je pensais pour la première fois que je ne resterais peut-être pas ici toute ma vie.

Beth semblait partager cet avis. Semblait y avoir cru dès le départ. Le quatrième jour, quand on sortit marcher, elle s'arrêta et s'assit, adossée à un tronc qui était couché là.

Toujours lente à comprendre, et peu habituée à faire des choses sans qu'on me le demande, je restai plantée là, debout devant elle. La dominant de ma hauteur, je suis sûre que j'avais l'air vide. Elle me prit la main. M'attira près d'elle et me passa les mains dans les cheveux.

Sa façon de se moquer gentiment de moi m'était agréable. Me plaisait. Elle posa son bras autour de mes épaules et je m'appuyai contre elle. Je ne me soutenais plus, lui laissant ce soin.

« Comment vous êtes-vous retrouvée là-dedans ? » demanda-t-elle d'abord. Et comme je pensais encore en petit, je supposais qu'elle voulait dire dans cette pièce.

« Je ne sais pas, dis-je. Ils m'ont mis là dès mon arrivée.

– Mais comment êtes vous arrivée là ? »

Je pensais qu'elle connaissait toute l'histoire. Je dis : « C'est vous qui travaillez ici. Ils ne vous donnent pas les infos ? Tout ça n'est pas noté dans un dossier ? »

Je m'étais légèrement écartée d'elle en disant cela. Je voulais avoir suffisamment de distance pour pouvoir la voir, la regarder. Rien sur son visage, sauf peut-être de la peine.

« Je ne travaille pas ici dans ces termes-là, dit-elle. Je ne fais pas partie de l'équipe. » Cela me rassura un peu mais pas complètement. « Mais vous lisez quand même les rapports, non ? Et puis vous êtes là.

– Je ne vois pas de patients. Je suis en mission d'observation. »

Ce dernier mot me déplut. Au point que je tentai de me lever. Mais elle me retint par le bras, et comme je l'ai dit, je ne me sentais pas très forte.

Une fois rassise près d'elle, elle dit : « Je pense que votre place n'est pas ici. Je veux vous aider à sortir. »

Je tournai cela précautionneusement dans ma tête. Mais mon corps vivait sa propre vie, il était déjà à la fête et bientôt mon esprit déclara forfait, sauf pour tenter de maîtriser ce qui se passait en moi.

« Vous le pensez vraiment ? »

Elle sourit et acquiesça, et je me surpris à m'accrocher à elle alors que jusqu'ici elle seule avait fait des gestes.

Cette sensation me fut si douce. Elle portait une doudoune. Je pressais mon visage contre son épaule et sa doudoune gonflait tout autour. J'avais le blouson de Gail, et le reste de mes vêtements, c'était de la récup. Le jean de quelqu'un, un chemisier donné, un pull que Gail m'avait apporté quand il avait commencé à faire vraiment froid.

Je n'avais pas revu mes affaires depuis qu'ils me les avaient enlevées le premier jour. Je n'y avais plus pensé jusqu'à cet instant. C'était lié au fait d'avoir le visage enfoncé dans la doudoune de Beth et de savoir que c'était la sienne. Elle avait même son odeur. C'est ça qui, d'une manière ou d'une autre, me fit pleurer.

Je laissai couler mes larmes un temps. Je m'autorisai à pleurer aussi longtemps que possible parce que quelque chose en moi en avait besoin et je le savais. Néanmoins, je ravalai mes pleurs assez vite. Et quand je voulus me lever, au lieu de me retenir, Beth se leva aussi et m'aida.

Je fouillai la poche de Gail à la recherche d'une clope. Je trouvai vite son paquet et en sortis une. Une longue Virginia Slim toute fine, je me sentis bête de fumer un truc pareil puis je la portai à ma bouche. La sensation fut tout aussi agréable que quand on prend une cigarette juste après avoir embrassé quelqu'un, ou après avoir eu un truc plus gros dans la bouche.

Une boîte d'allumettes était rangée dans la cellophane entourant le paquet. Je la sortis et allumai la clope. Depuis le début, je m'attendais à moitié à ce que Beth m'arrête. Mais non.

Je lui tendis le paquet. Elle secoua la tête. Ensuite on se mit à marcher, d'une main je tenais la clope et mon autre bras était posé en travers de mon ventre. Beth avait les mains croisées derrière le dos comme pour les faire se tenir tranquille. Au bout d'un moment, elle les enfonça dans les poches de sa doudoune.

La clope finie, j'en pris une autre. On marchait toujours, mais en silence. Après la deuxième cigarette, elle me tendit la main et je la pris. Mais après, assez vite, on marcha enlacées, et cette douceur se fraya un chemin de ma poitrine à mon estomac puis plus bas.

Je reconnus cette sensation mais je fis comme si je ne savais pas d'où. Je feignais toujours de l'ignorer, quand, de retour dans cette petite pièce, elle me serra dans ses bras pour me dire au revoir. La sensation, intensifiée par l'étreinte, grandit et s'élargit. Remonta dans ma poitrine, puis redescendit. Ensuite elle se logea dans les deux endroits à la fois et partout entre les deux. Et quand Beth s'écarta, la sensation s'amplifia encore, mais ensuite ce fut comme si elle partait avec, et je chancelai légèrement en voulant la retenir.

10

Le lendemain, Beth m'emmena de nouveau faire un tour dehors. J'étais toute timide, à cause de ce que j'avais éprouvé la veille en fin de journée. J'avais peur que ça se soit vu, même si en même temps je ne m'avouais pas vraiment l'avoir ressenti. Que cela ne s'immisce pas entre nous de nouveau me paraissait important. Ces sensations causeraient le même genre de dégâts qu'avec Ingrid. Si seulement je pouvais m'empêcher de les ressentir, je resterais en sécurité, pensai-je.

C'était ça le problème – ces sensations, et les questions de Beth. Ça me faisait penser à Ingrid. Le truc, c'était que la manière dont j'avais vécu – au jour le jour, sans penser au lendemain ni au passé – m'avait empêché de penser à Ingrid et son mari, ou à leur fille.

L'état dans lequel me mettaient les questions de Beth – et elle avait commencé à me questionner plus tôt aujourd'hui, aussitôt assises contre le même tronc –, mon état me fit comprendre que je n'avais jamais arrêté d'y penser. Que ça me travaillait tout le temps et que j'essayais de ne pas approfondir.

Ce jour-là elle me redemanda comment c'était arrivé. « Comment avez-vous atterri ici ? dit-elle. Je sais ce que dit le rapport, mais que s'est-il passé ?

– Il m'a fait arrêter.

– Qui ça ? » demanda-t-elle. Je la dévisageai, incrédule, puis j'esquivai.

« Allez quoi », lâchai-je en réprimant un désir urgent de me lever. À la place, je sortis un paquet de clopes de la poche de Gail. Un nouveau. Un paquet que je devais ouvrir. En le faisant, je remarquai soudain la forme du paquet – c'était ma marque.

Ce petit détail m'arrêta parce que c'était tout sauf un détail pour moi. Et même si ça venait de Gail, ça me ramena vers Beth.

« Je suis désolée, dis-je. Je pensais que vous saviez. Que savez-vous au juste ?

– Votre dossier dit que vous avez été arrêtée pour prostitution. Que vous avez résisté violemment à votre arrestation. Que vous avez été envoyée ici après un arrangement avec le bureau du procureur. Le médecin des admissions vous a placée en isolation à cause de vos antécédents violents.

– Isolation ? C'est comme ça qu'ils appellent ça ? »

Je m'étais levée pendant qu'elle parlait mais elle resta assise. Je fis quelques pas. J'écrasai la cigarette et en allumai une autre.

« Ça ne s'est pas passé comme ça », dis-je. En la regardant attentivement. Pour savoir ce qu'elle croyait.

Elle faisait la même tête que lors de notre première rencontre. C'était en fin de journée. Gail avait bientôt fini son service, on n'avait donc pas eu beaucoup de temps. Beth m'avait prise dans ses bras, et juste avant, l'expression de son visage, c'était comme si tout ça lui était arrivé à elle. Ou comme si elle ressentait ce que j'étais incapable de ressentir. Ses yeux s'étaient embués et sa bouche était devenue si molle, puis elle m'avait simplement attirée vers elle. Et même si je ne m'en étais pas souvenue jusqu'ici, je l'avais serrée dans mes bras aussi. Je m'étais enfouie en elle comme si je ne devais plus jamais la lâcher, sauf que si.

Quand elle s'était écartée de moi, elle avait la même tête que maintenant, alors je me retrouvai à m'asseoir près d'elle, à me blottir contre elle, en répétant une nouvelle fois : « Ça ne s'est pas passé comme ça. »

Je le répétai encore et encore jusqu'à ce qu'il devienne évident que je ne pourrais pas embrayer sur la suite, et elle me laissa marmonner. Elle interrompit mes marmonnements de temps en temps par des paroles apaisantes, elle répéta ce à quoi je m'étais accrochée toute la nuit. Qu'elle me ferait sortir d'ici.

Un peu plus tard, elle me raccompagna. Gail nous retrouva à la porte, elle nous demanda de nous dépêcher parce qu'elle finissait son service et ne voulait pas se faire prendre. Elle voulait dire par la femme qui venait après elle. Personne d'autre ne prêtait attention à ce qui m'arrivait. C'était le but, ne pas faire attention. Le but, c'était de m'oublier.

Beth entra dans la chambre avec moi. Je compris à sa manière de s'attarder qu'on était vendredi. Je m'en rappelai aussi parce que je continuais à compter, et c'était notre cinquième jour ensemble.

On était debout l'une en face de l'autre, et par-dessus l'épaule de Beth je voyais Gail dans l'embrasure de la porte. J'ôtai son blouson. Elle tendit le bras pour le prendre puis l'enfila, mais elle resta là. Elle nous attendait, et de nouveau la timidité m'envahit, et je sentis que Beth aussi. J'en étais sûre.

Beth resta encore un instant, elle me prit les mains puis elle m'embrassa. Elle m'embrassa sur la joue. Elle n'avait jamais fait ça avant, et j'étais incapable de me ressaisir. Elle s'était déjà retournée pour partir, et Gail parlait avec précipitation, d'abord à Beth puis à moi. Elle parlait si vite que je manquai le début, et après il ne me resta plus qu'à m'accrocher au paquet de clopes qu'elle me pressait dans la main avec la boîte d'allumettes.

Ces deux objets me permirent de tenir le week-end. Les infirmières me laissèrent tranquille, sauf aux heures des repas. Ça aussi fut moins dur, parce qu'apparemment j'arrivais à manger.

Je choisis de passer le temps dans un coin près de la porte. Habituellement, j'optais pour un coin opposé, être plus loin semblait plus sûr et me permettait de voir qui arrivait. Mais dans ce coin-là, je pouvais fumer et m'allumer mes clopes tout en étant plus ou moins certaine de ne pas être vue.

Et, accroupie là, je réfléchissais à Beth. Pas aux questions auxquelles j'aurais certainement dû consacrer du temps, du genre que lui dire sur Ingrid, jusqu'où lui raconter. Non, je pensais au baiser qu'elle m'avait donné et à la sensation que j'avais sentie se dégager d'elle juste avant, cette timidité. Je passais beaucoup de temps à me demander ce que cela voulait dire, ou ce que j'aurais aimé que cela signifie.

Non stop. Je tournai et retournai cela dans ma tête pendant tout le week-end. J'y pensais si fort et si longtemps que, la fois suivante, cette petite chose était devenue si grande. Suffisamment pour s'interposer entre nous. Et quand on entra dans les bois, je sentis que je restais loin d'elle. Établissant une réelle distance physique. Et j'avais l'impression qu'elle aussi. Mais impossible d'en être sûre.

Quand on arriva au tronc habituel et qu'elle s'assit, je restai debout. Pendant si longtemps qu'elle finit par dire : « Est-ce qu'il s'est passé quelque chose au cours du week-end ? »

Et je voulus répondre : « Non, juste avant. » Je commençai même. Mais je m'interrompis et dis juste : « Non. »

Elle ne releva pas. Mais je voyais bien que si je ne m'asseyais pas elle me relancerait. Alors je le fis. Je m'assis avec elle.

Malgré ça, elle demanda : « Êtes-vous sûre que ça va ? Que tout va bien ? »

Je voulais dire non. Je voulais tellement lui dire précisément tout ce qui n'allait pas et combien j'allais mal. Et par-dessus tout, je voulais lui dire pourquoi.

Mais cette fois, je me contentai de répondre : « Oui. » Ça voulait dire oui, tout va bien. Car après tout, c'était relatif. Aussi bien que la semaine précédente. Pourtant, je redoutais la nuit à venir, je le savais. Je savais déjà que je ne serais plus capable de mettre cela à bonne distance de moi, comme avant. Et je ne pensais pas non plus être en mesure de dormir à moitié en attendant que ça se passe.

Apparemment, cette incapacité était liée à Beth. Pas à ses paroles, mais au fait qu'elle m'ait embrassée. Ça interférait avec ma capacité d'ordonner les choses, de les ranger dans ma tête. Cela aussi datait de ce week-end – les choses commençaient à saigner au travers. À se suinter dessus et à se chevaucher d'une manière difficilement maîtrisable, impossible à tenir à distance.

La revoir rendit tout cela plus difficile, et j'avais peur que ça s'ouvre si elle me touchait. Que ça se mette à saigner et suinter de partout. D'être incapable d'arrêter ça, et que, d'une certaine façon, ça nous trahisse. Même si je n'étais pas vraiment certaine de la signification de cette dernière supposition.

Peu après m'être assise, elle dit : « J'ai pensé à vous. J'ai réfléchi à la meilleure façon de procéder. »

Elle me jeta un coup d'œil après avoir parlé, mais je me dérobai. Enfoncée dans le blouson de Gail, je haussai les épaules et me rapetissai.

« Nous devons procéder par étapes pour vous faire sortir d'ici. La première : vous faire sortir de l'isolement. Tant que vous êtes là-dedans, on ne pourra rien faire. »

C'était moi qui la regardais à présent, et attentivement. Elle pensait ce qu'elle disait. Ça au moins je le savais. Elle pensait que ce serait aussi simple que ça. Qu'il suffisait de suivre le règlement pour sortir.

J'avais envie de l'arrêter tout de suite, de lui dire vous ne comprenez pas, vous ne savez pas ce que cela implique et qui. Mais je ne pus pas. Je craignais que, le sachant, elle fasse machine arrière. Je me disais qu'elle me serait plus utile en ignorant le risque, sans savoir ce qu'elle affrontait, ou qui. Que peut-être, peut-être seulement, ça pourrait marcher, si elle ne savait pas. Qu'elle réussirait peut-être.

Cela m'amena à me demander ce qu'elle devait savoir et ce que je pouvais lui raconter. Étrangement, j'avais énormément envie de lui raconter – de tout lui raconter. De la même manière, j'avais envie de lui raconter ce qui m'attendait toutes les nuits de la semaine.

Les raisons qui m'arrêtaient étaient trop difficiles à déchiffrer. Chaque fois que je pensais les avoir identifiées et être en mesure de les affronter, elles changeaient de forme. Après je devais les réorganiser, les réévaluer. Elle me condamnaient au silence. Et le truc sous-jacent et insidieux, qui étouffait la parole dans l'œuf, c'était sa ceinture autour de mon cou.

Beth s'arrêta de parler. Je me rendis compte qu'elle avait remarqué l'intensité du regard que je posais sur elle. Quand elle se tut, je me mis à penser des trucs, et à les ressentir dans mon corps, et mon regard s'assombrit rapidement. Mes yeux devinrent vitreux, alors elle posa son bras autour de mes épaules et me secoua légèrement. Du coup, ce que j'essayais si fort de ne pas sentir s'affola dans mes cuisses, courant de haut en bas – nerveuse, je voulais arrêter ça et rester immobile quelque part.

« Hé, dit-elle. Qu'est-ce qu'il y a ? »

Je me mis à rire. Ce n'était pas l'attitude la plus amicale à adopter, mais c'était le but, je suppose. Je voulais faire exactement le contraire – pleurer – ou entre les deux, c'est-à-dire, à cet instant précis, l'embrasser. Rire signifiait que j'avais opté pour la lâcheté.

« Excusez-moi. » Je parvins à balbutier ces quelques mots puis à lui prendre la main.

« Écoutez, dit-elle. Je vais essayer de vous faire sortir de cette boîte. Je ne pense pas que vous tiendrez encore longtemps là-dedans. »

D'une certaine façon, ces propos me heurtèrent. Comme si quelque chose de stupide en moi voulait prouver un truc idiot. Que je pouvais supporter de rester là-dedans le restant de mes jours, si nécessaire. Que je pouvais endurer n'importe quoi. Je réussis à la fermer sur ce point. Je ne me levai pas pour fanfaronner. Au moins je me retins de faire la demi-douzaine de trucs, environ, que j'avais envie de faire.

On rentra en se tenant par la main. Une bonne partie du chemin en tout cas. Quand le bâtiment apparut, elle me lâcha, et la même timidité, ou la même honte, que celle provoquée par le baiser m'envahit. Cette fois encore, elle entra dans la boîte avec moi. Qu'elle la désigne ainsi me plaisait. Sans utiliser leur mot à eux. Que je n'aimais pas parce que ça faisait penser à une putain de cellule monacale ou un truc du genre. Un endroit où irait une nonne.

Bien qu'elle eût le temps, elle ne s'éternisa pas. Et elle se tenait à distance plutôt que tout près de moi. Alors je compris qu'en fait on ne se connaissait pas. Que pour moi elle avait débarqué de nulle part et inversement. Que c'était devenu intense entre nous, et vite. Sans raison apparente, si ce n'est l'émotion et le fait d'être en demande. Pour ma part, en tout cas.

Je n'avais aucun moyen d'en savoir plus sur elle. Pourtant, c'était comme si je savais. Je savais que sous son apparente maîtrise j'avais accroché quelque chose en elle, et j'en étais désolée. Mais je ne m'interdisais pas de m'en servir. J'étais prête à tout pour qu'on m'aide.

Bien sûr, c'était plus facile de voir les choses ainsi que telles qu'elles étaient. C'est-à-dire liées au fait qu'elle avait accroché quelque chose en moi et qu'elle continuait de tirer dessus. Mettre un mot sur ce truc paraissait trop compliqué. Comme si, en le laissant rayonner de ma poitrine, il allait envahir mon corps. Voire peut-être mon esprit.

Il était déjà suffisamment difficile de s'en sortir ici. Je n'étais pas en mesure de lutter avec une chose pareille. Alors, plutôt que de le laisser monter, je le ravalai. Je le repoussai dans mon ventre puis plus bas, comme si, au bout du compte, tout pouvait se réduire à me presser contre elle. À son corps. Aux choses que je voulais lui faire, à son corps, et à elle, et avec elle, et que je voulais qu'elle me fasse. Mais pas ici. Alors on resta debout dans cette configuration délicate – légèrement écartées l'une de l'autre, elle me tenait les mains et soutenait mon regard, jusqu'à ce que je sois obligée de baisser les yeux.

Gail me sauva. Elle vint chercher son blouson et je lâchai Beth, qui partit. Elle se glissa dehors pendant que je parlais avec Gail. Sans un mot, et je restai là à me demander si elle reviendrait un jour ou si c'était fini. Voulait-elle, ayant brièvement entrevu la même chose que moi, y échapper ? Ou peut-être avais-je été, en un sens, trop minable ?

11

Beth avait dû user de son influence sur quelqu'un d'autre en plus de moi, car à la fin de la semaine on me changea d'endroit. J'étais toujours enfermée mais c'était mieux que la boîte, je ne pouvais pas vraiment me plaindre. Ça ne voulait pas dire que j'avais de la compagnie pour autant. Mon étage était peuplé de gens condamnés à perpète. Des femmes si vieilles qu'elles avaient été trépanées. D'autres un peu plus jeunes, en camisole chimique quotidienne.

Aussi entendait-on toujours les mêmes choses. Voyait-on toujours les mêmes déambuler en traînant les pieds. Sauf une femme, toute petite, qui marchait vite et se frappait sans cesse la paume avec le poing, en disant : « Fouet, fouet. Scalpel, scalpel. »

Impossible de poser des questions à ce sujet, mais Beth me renseigna un peu. Les trépanées l'avaient été très tôt – vers treize ans, voire douze. Depuis elles étaient ici. Comme celles qui avaient la cinquantaine ou la soixantaine – une fois que leurs ennuis avaient commencé, elle n'avaient plus jamais eu la possibilité d'en sortir.

Ce n'était donc pas un endroit où les gens guérissaient. C'était un endroit dont on ne réchappait pas, et ces femmes étaient des survivantes. Vu mon mécène, cela n'aurait pas dû m'étonner. Pourtant si – c'était le genre d'endroit qu'on voyait dans les vieux films. Le genre d'endroit qui n'existait plus, alors comment l'une d'entre nous pouvait-elle exister ? L'endroit idéal pour perdre quelqu'un à tout jamais.

C'était donc pour ça que j'étais là. Et peut-être aussi pourquoi Beth voulait tellement me faire sortir. Elle passa les semaines suivantes à m'y préparer. En vue de la commission des médecins. Je n'avais vu aucun médecin depuis que j'avais atterri ici, alors qu'elle les mentionne me surprit. Je fus étonnée d'apprendre qu'il y avait quelqu'un qui gérait cet endroit.

Le jour J, je m'assis au bout d'une longue table en bois et fis tout machinalement. Dix ou douze hommes que je n'avais jamais vus de ma vie me posèrent dix ou douze questions différentes. Et après, comme personnellement je n'en attendais rien, je m'inquiétai pour Beth. À l'idée qu'elle y ait placé beaucoup d'espoirs. Et je m'inquiétai aussi de ce qui pouvait se passer maintenant qu'ils connaissaient mon existence.

Beth resta avec eux, alors Gail me ramena. Elle s'assit avec moi sur le lit – au moins en avais-je un vrai à présent.

Quand Beth entra, elle était rouge de confusion et tremblante. Elle n'arrêtait pas de répéter qu'elle ne comprenait pas. Qu'elle ne voyait pas pourquoi ils avaient dit non. Que les raisons qu'ils avaient invoquées ne tenaient pas debout.

Je regardai Gail mais elle était déjà presque à la porte, alors je reportai mon regard sur Beth. Elle arpentait la petite chambre. Elle faisait les cent pas entre la porte à présent close et la fenêtre. Qui était ouverte, de l'air froid entrait à travers les barreaux métalliques.

Je la laissai balbutier et marcher. Fis un gros effort pour ne pas me lever et la prendre dans mes bras. Pour passer outre à mon désir de l'arrêter. Elle finit par s'arrêter d'elle-même. En fait, elle ne m'avait pas regardée jusqu'ici, et à présent qu'elle le faisait, je détournai les yeux, me rendant aussitôt compte de l'impression que ça lui donnerait.

Elle vint vers moi et s'assit à mes côtés, et je sentis sa main sur ma nuque, ses doigts dans mes cheveux. Je sentais qu'elle voulait me consoler et puis elle dit : « Je suis tellement désolée », et je ne lui dis toujours pas. Pas un mot sur Ingrid et sur le mari d'Ingrid.

Le lendemain, elle et moi retournâmes dans les bois. On s'assit dans les feuilles, adossées au même tronc, et je l'entendis dire : « Je ne comprends pas » et « Ça n'a pas de sens ». Je l'écoutai répéter ça encore et encore, et une fois seulement son regard posé sur moi exigea une réponse.

Que pouvais-je lui dire ? Je gardai la tête basse, ce qu'elle prit évidemment pour de la déception. Elle m'attira plus près d'elle, je m'agrippai à elle et elle s'excusa encore et encore jusqu'à ce que je sois au bord des larmes. Pas pour moi, mais pour elle. Je ne pouvais pas m'y risquer, cependant. Me risquer à lui raconter, parce que sinon je pouvais la perdre, même si apparemment j'étais déjà en train de la perdre de toute façon.

Deux semaines passèrent ainsi puis tout changea. Elle et moi revenions d'une de nos balades. Pour trouver Gail debout à la porte, en train de nous faire des signes. Lorsqu'on s'approcha, elle dit : « Venez, dépêchez-vous », ce qui me troubla, j'avais l'impression qu'on avait plutôt le temps.

Beth dit : « Qu'est-ce qu'il y a ?

– Il faut que je la récupère. Elle a de la visite. »

J'eus un mouvement de recul. Beth le sentit, je crois, parce qu'elle me serra le bras plus fort, ce qui me stabilisa un peu.

Je ne sais pas ce qu'exprimait mon visage, mais Beth me jeta un coup d'œil et dit à Gail : « Laisse-moi l'emmener. T'as fini ton service. Pas la peine de te mettre en retard. »

Puis Gail me regarda aussi. Apparemment, elle ne savait que dire ni que faire. Je tentai un sourire, mais, malade comme je me sentais, impossible de savoir ce que ça avait pu donner. J'étais piégée. Je me disais que c'était le mari d'Ingrid, alors je voulais que Gail m'emmène. Mais le temps de réfléchir à tout ça Beth et moi étions déjà en route vers le bâtiment principal.

On s'arrêta à l'accueil, et la femme installée derrière nous indiqua une pièce au bout du couloir. À ce moment-là, j'étais passée en automatique. J'avais appuyé sur un bouton quelque part en moi qui me permettrait de supporter ça, de supporter n'importe quoi, alors je crus être préparée et je suppose que je l'étais, mais pas à Ingrid.

Quand on poussa la porte, je la vis debout près de la fenêtre sans barreaux. Elle se retourna et j'eus l'impression que je courais vers elle, sauf que je restai plantée comme un piquet avec Beth qui me donnait des coups de coude. Beth ferma la porte derrière nous et s'appuya contre. Elle m'avait lâchée après m'avoir poussée. Ingrid avait parcouru une partie de la distance qui nous séparait mais ensuite elle s'était arrêtée. C'était à moi de couvrir le reste.

Je retrouvai mon aplomb et me mis à marcher. Et quand je fus suffisamment près je tendis la main et elle m'attira contre elle. Puis elle m'embrassa et je l'embrassai en retour, sentant Beth derrière moi, qui regardait.

Pourtant, j'étais incapable d'arrêter ça. Mon manteau était ouvert et Ingrid avait ses mains dessous puis sous mon chemisier. J'avais les mains posées sur elle, aussi, mais je ne faisais que la tenir, en essayant de ne pas perdre l'équilibre alors qu'en fait je tombais contre elle.

Elle avait la main sur mon ventre. Elle avait déjà en partie ouvert mon pantalon. J'étais contente d'avoir un gros manteau, pas celui de Gail mais un autre que Beth m'avait apporté. À présent mes mains étaient nichées dans le cou d'Ingrid. J'avais la langue dans sa bouche, jamais assez loin, malgré moi. Puis elle avait glissé sa main dans ma culotte et mes genoux flanchèrent et j'ouvris les jambes en m'affaissant contre elle. Je sentis sa main en moi et puis j'entendis la porte claquer.

Je ne sais pas si c'est ça qui me dégrisa. Ou le fait de savoir que Beth partie, quelqu'un d'autre ne tarderait pas à entrer. Je m'écartai en titubant, boutonnai mon manteau parce que fermer mon pantalon c'était trop compliqué et quelqu'un était déjà là. Je reconnus le gardien, et il me reconnut. Il eut un petit sourire narquois, nous reluqua toutes les deux de haut en bas puis s'affala sur une chaise.

On ne pouvait donc plus rien faire, Ingrid et moi, sauf parler. Il devint assez vite évident que ça avait été le but dès le départ. Que ce qui avait précédé n'était qu'une mise en condition pour un quelconque service.

« Il m'a trouvée », dit-elle.

Et là, vu qu'on ne se touchait plus, j'avais retrouvé mes repères. « Sans blague, dis-je. Moi aussi. »

Je vis son expression changer, mais elle se ressaisit vite. « Je retourne avec lui, dit-elle. C'est déjà fait. Il ne sait pas que je suis venue ici. Il ne sait pas que je sais où tu es. J'ai dû lui dire des choses. J'ai dû lui dire que tu m'avais poussée à partir. Ce qui est vrai, en un sens. Tu le sais. »

Elle me regarda en disant cela. Je jetai un œil au garde. Il se léchait les commissures des lèvres. Puis il promena ses doigts sur sa bouche, sa moustache, et le reste de sa barbe. Je me surpris à me frotter la joue puis je détournai vite les yeux et les posai sur elle, avant de les fixer par terre.

« Écoute, je crois qu'il va te ficher la paix. Je le pense. Maintenant que je suis revenue, je crois qu'il va peut-être t'oublier. »

A présent, c'était moi qui voulais me ruer vers la porte et la claquer derrière moi. À la place je m'assis sur le canapé. Il se trouvait en face de la chaise sur laquelle était assis le gardien. J'avais bien fait parce que mon esprit s'était embrumé et j'avais mal aux pieds, je me sentais tout à coup très fatiguée.

Je n'étais pas certaine de ce qu'elle me demandait. Je n'étais pas du tout sûre de la raison de sa visite, et, malgré moi, je lui posai la question. « Ingrid, pourquoi es-tu venue ?

– Je ne voulais pas que tu croies que je t'ai abandonnée. »

Je me mis à rire. Sans pouvoir m'en empêcher.

Elle se troubla. Elle fit : « Vraiment, ça ne fait pas longtemps que je sais. Je suis revenue il y a seulement trois mois. »

Ses mots me firent brusquement revenir. Je n'avais aucune idée du temps que j'avais passé ici mais je me disais, j'imagine, que je n'étais là que depuis quelques semaines. Entendre le contraire m'ébranla totalement. Mon visage se mit à trembler. Je le sentais et elle le voyait, je suppose, puisqu'elle dit : « Je dois partir. Je suis déjà restée trop longtemps. »

Elle vint vers moi avant de se diriger vers la porte. J'avais la main posée sur mon genou et elle mit la sienne dessus. Je sentis qu'elle l'effleurait puis elle se précipita vers la porte.

Mon gardien m'autorisa à rester assise là jusqu'à ce que le bruit de ses pas se soit évanoui. Puis il donna un long coup de sifflet, grave, et se leva. Il me tira par le bras et me ramena. Cette nuit-là, c'est lui qui vint me voir.

12

Je pensais que je voyais Beth pour la dernière fois. Qu'on allait me renvoyer dans la boîte. Or elle vint le lendemain comme s'il ne s'était rien passé. Ou presque. On marcha jusqu'à notre endroit dans les bois, mais sans un mot, et sans se toucher, et j'en conclus qu'elle ne ferait pas semblant de rien.

Cependant, même une fois assises, elle laissa passer un peu de temps. Comme si elle s'attendait à ce que je me mette tout simplement à lui raconter. Ç'aurait été normal, je suppose. Et je n'avais aucune raison de ne pas le faire, je n'avais plus rien à perdre, j'imagine.

Néanmoins, par habitude, je la laissai me questionner, et elle demanda : « Qui est cette femme ? »

Incapable de le lui expliquer simplement, j'eus du mal à me lancer – ne sachant par où commencer, je finis par être brutale.

« Son mari a été l'un de mes réguliers pendant un temps. Il m'a ramené chez eux et j'y suis restée quelques jours. Puis quelques semaines. C'est devenu très compliqué. »

Je fixai les feuilles mortes puis j'en ramassai une dont je dénudai les nervures.

Beth resta silencieuse, du coup j'eus l'impression de ne pas en avoir dit assez. J'essayai de continuer tout en restant sur la même ligne, mais à ce moment-là elle dit : « Vous êtes amoureuse d'elle ? »

Je fus interloquée. À la fois parce qu'elle posait la question, et parce que je n'y avais jamais pensé en ces termes. J'eus envie de répondre : « Plus depuis hier », mais ça paraissait désinvolte et blessant – pas la meilleure chose à dire.

Je me tus, donc, et mon silence la poussa sans doute à imaginer une réponse, différente à mon avis de ce qu'elle espérait. Quelle réponse espérait-elle ? Elle venait juste de me traverser l'esprit, ce qui m'effraya. Je ne l'avais pas compris plus tôt, je n'y avais même pas réfléchi. Si seulement elle n'avait pas eu besoin de l'entendre, j'aurais pu le lui dire, lui dire ce qu'elle espérait entendre, et tout se serait bien passé.

Alors dans ma tête, je décidai qu'elle ne voulait pas que je le lui dise. C'était une tactique pour être capable de le faire. Mais d'une certaine manière, une fois que je fus arrivée à me convaincre qu'après tout je me trompais complètement et qu'elle ne voulait pas que je lui dise que j'étais amoureuse d'elle et non d'Ingrid – une fois persuadée, le lui dire devint quasi inconcevable.

Ces pensées me firent tourner la tête. Me donnèrent envie de me lever et de marcher. Comme si un peu d'altitude clarifierait un minimum les choses. Ça ou un peu de distance par rapport à Beth. Mais impossible de me lever. J'étais incapable d'accomplir le mouvement physique. À la place, je restai assise à fixer mes mains et les nervures d'une autre feuille que j'avais dénudées.

Beth ne reposa pas la question, et au bout d'un moment, c'était presque comme si elle ne l'avait jamais posée, mais pas tout à fait. Elle posa un bras autour de mes épaules, et je crus un instant qu'elle allait m'embrasser, sauf qu'au dernier moment, plutôt que d'aller dans ce sens, ce fut comme si on changeait toutes les deux de cap.

J'allumai une clope, ce qui modifia la donne. Elle se remit à parler. Elle posait d'autres questions mais pas tout à fait du même ordre, ce qui facilita un peu les choses.

« Combien de temps êtes-vous restée chez eux ? » Première question.

« Je ne sais pas, dis-je. Un mois, deux peut-être. Ou peut-être seulement quelques semaines, je ne sais pas au juste. »

Elle avait l'air de ne pas comprendre comment je pouvais ne pas savoir. Et de vouloir continuer sur ce registre de questions, mais à la place elle demanda : « Pourquoi, pourquoi êtes-vous restée ?

– L'argent », dis-je, or si Ingrid voyait clair dans mon jeu, ce serait sans doute pareil pour Beth. Mais elle ne m'avait pas vue avec eux, seulement avec elle, me disais-je. Ça ferait peut-être une différence. Quoi qu'il en soit, Beth n'insista pas.

« Qu'avez-vous fait ? » demanda-t-elle ensuite.

Sa question me fit chier, alors je dis : « À votre avis, on a fait quoi ? Je les ai baisés et ils m'ont baisée. Bien à fond. »

Son effort pour rester patiente et se maîtriser m'était presque palpable.

« Non, je veux dire… » Mais elle s'arrêta là, comme si c'était bien ce qu'elle avait voulu dire après tout. Comme si elle avait eu besoin d'être sûre, de m'entendre le dire.

Elle se leva, elle ne l'avait jamais fait jusqu'ici, du coup j'étais seule assise, alors j'allumai une autre cigarette. Elle se passa les doigts dans les cheveux. Elle les écarta de ses yeux, pourtant elle ne les avait pas dans les yeux et je me surpris à la regarder différemment.

Ou peut-être étais-je simplement en train de remarquer la manière dont toujours je la regardais. Après, je m'étais levée et on prit le chemin du retour, alors qu'il était encore assez tôt.

En général, depuis qu'on m'avait déménagée du trou dans cette chambre, Beth ne s'attardait plus. Pourtant, ce jour-là, quand elle commença à partir, je la retins. Je sentais une sorte d'animosité, et je voulais l'aider.

« C'est lui qui m'a fait enfermer ici », fis-je.

« Qu'est-ce que vous voulez dire ?

– Il m'a fait coffrer. S'est assuré qu'on me mette ici. Son mari. »

Elle eut l'air de ne pas comprendre. Comme si ça n'avait aucun sens. Du coup, je me sentis bête de lui avoir dit. Elle va penser que je suis parano, ou autre, me disais-je. Une fois qu'on se retrouve dans un endroit comme celui-ci, les gens ne sont plus très disposés à vous croire. Mais je suppose que c'est en grande partie le but – s'assurer qu'on s'enfonce un peu plus à chaque fois qu'on ouvre la bouche.

Pourtant, à mes yeux, c'était une bonne nouvelle. Mon manque de crédibilité pouvait rendre possibles les choses dont avait parlé Ingrid. Peut-être son mari tournerait-il la page. Peut-être avait-il juste besoin de pouvoir dire que j'avais séjourné ici, sans forcément que ce soit pour toujours.

Pendant que je retournais cette idée dans ma tête, Beth resta debout, immobile. Elle avait un air ennuyé, et j'étais incapable de dire ce qu'il y avait derrière, s'il y avait quelque chose.

Elle m'avait pris le bras sans que je m'en aperçoive vraiment. J'étais trop perdue dans ma tête et je ne la sentis que parce qu'elle tremblait légèrement. Je me retrouvai à lui prendre la main pour la stabiliser et à la guider vers le lit, mais une fois arrivées là, elle se ressaisit et dit : « Non, attendez. Vous m'avez fait penser à quelque chose. Je dois m'en occuper tout de suite. »

Je la regardai partir en me demandant ce que ça signifiait. Ce que ça pouvait vouloir dire pour moi. Si je devais m'inquiéter ou espérer. Ça me torturait – les trucs que je lui avais racontés et aurais souhaité de pas lui avoir dits. Mais surtout, cette urgence sourde qui s'était emparée d'elle quand elle s'était dépêchée de partir, sa transe précipitée. Et moi ? Je restai là, complètement effondrée. À m'interroger sur des questions plus immédiates, comme : me laisserait-on tranquille cette nuit ? Mes chances étaient minces, dans le lot, c'était toujours moi la plus fraîche et la plus jeune.

Le lendemain Beth parut flippée dès son entrée et le resta. Elle nous fit sortir en hâte. Elle paraissait tout le temps regarder par-dessus son épaule. Même une fois arrivées dans les bois, elle parla à voix basse : « Mon mari travaille au bureau du District Attorney. Je vais vous faire sortir.

– C'est lui qui va me faire sortir ou c'est vous ? »

Ma brutalité me surprit, la question était méchante, ce qui la motivait pire encore.

Je savais qu'elle était mariée. Je l'avais toujours su. Elle portait une alliance, putain de Dieu. Mais d'une certaine manière, tant qu'elle n'en parlait pas, je m'en fichais. C'était comme s'il n'existait pas ou ne comptait pas. Mais ses paroles me poussèrent à me représenter quelqu'un qu'elle retrouvait le soir. Quelqu'un à qui je serais bientôt redevable.

Non, je ne le croyais pas. Je ne pensais pas que ce serait si facile.

« Il va essayer de découvrir ce qui s'est passé.

– Je vous ai dit ce qui s'était passé. Vous croyez que votre mari a la carrure pour s'opposer à ces types ? Il a acheté le patron de votre mari depuis des années, et aujourd'hui, hop… D'après vous, il suffit d'un simple coup de baguette magique ? »

Je venais de lui faire mal. Pas de doute. Je réalisai seulement à cet instant que ce n'était pas mon intention.

Elle regardait ses mains quand elle se remit à parler. « Je ne sais pas. Il a dit qu'il étudierait ça. Qu'il allait voir ce qu'il pouvait faire. »

Je me retrouvai à labourer la terre avec mon talon. À creuser une tranchée dans les feuilles. Je me mordais la langue pour ne pas pleurer parce que j'avais compris que mon énervement n'était pas vraiment lié à son mari. Mais à la chance qu'elle m'offrait. Je m'en rendis compte en pensant à la nuit précédente. La même salope assise à la porte, le même type sur moi, et moi qui essayais de déterminer s'il me baisait sans que j'en aie conscience ou si j'avais été présente tout du long.

Je compris que si je restais encore longtemps je n'aurais plus jamais conscience de rien. Je me baladerais, muette, ou en rabâchant sans cesse mes deux phrases préférées. Je me retrouverais dans le même état que les autres sans qu'on m'enlève une partie du cerveau ou qu'on me gave de médicaments. J'avais suffisamment de spécimens qui défilaient sans arrêt devant ma porte pour me le rappeler. Je les observais toute la journée, qu'y avait-il d'autre à regarder, de toute façon ?

Beth en était venue à incarner tout cela – tout ce qu'il y avait d'autre. Luttant contre moi-même, j'arrivai finalement à articuler : « Vous pensez que… ?

– Oui », fut sa réponse. Puis on ne parla plus beaucoup mais on resta assises là et je me retrouvai à vouloir toute sorte de choses d'elle. Des choses que je ne pouvais pas vraiment nommer. Ou refusais de nommer, tout ça paraissant trop brutal et peut-être trop vaste. Je m'appuyai contre elle et elle prit ma main entre les siennes. Ça, c'était apparemment une chose sur laquelle je pouvais compter, si j'avais jamais su comment m'y prendre pour compter sur quelque chose.

13

Elle réussit vraiment à me faire sortir et ce ne fut même pas long. D'après ce qu'elle m'expliqua, son mari avait œuvré en douce et en finesse. Discrètement, et c'était la manière la plus rusée de la jouer, sauf que je me demandais ce qui se passerait si le mari d'Ingrid l'apprenait. S'il n'était pas déjà au courant. Mais je pouvais me rassurer en me disant qu'il avait tourné la page. Qu'en général, l'attention que les gens me portaient ne durait jamais très longtemps.

J'essayai de ne pas m'inquiéter. Puis de ne pas y penser du tout, et rapidement, je passai à autre chose. J'avais d'autres préoccupations – ce nouveau boulot à la con qui ressemblait beaucoup à mon ancien job d'idiot, puis tâcher de rentrer chez moi directement après, sans rien faire d'autre.

Rentrer chez moi était plus facile parce qu'à présent j'avais un endroit à moi. Un appartement que Beth m'avait aidée à trouver. Il donnait sur une pharmacie et j'aimais regarder clignoter l'enseigne en néon, qui disait DRUGS en jolies lettres roses. Ça me tenait compagnie.

Tout comme Beth. Pour que je sorte, aller la voir faisait partie du deal. Elle faisait partie du package. Ils en avaient décidé ainsi. Son nom figurait en lettres capitales sur mon ticket de sortie. J'avais donc une nouvelle vie, et elle ressemblait trop à l'ancienne.

Quoi qu'il en soit, son cabinet n'était pas loin de chez moi. Je pouvais y aller à pied, même si j'avais récupéré ma voiture. Le mari de Beth avait manœuvré pour ça aussi. Apparemment, ma bagnole avait collectionné les contraventions sur le parking jusqu'à ce qu'ils la fassent enlever. J'étais trop fauchée pour payer la fourrière, alors ils m'avaient arrangé le coup, je n'ai jamais su comment au juste. Mais j'étais parfaitement consciente qu'on me faisait des faveurs. Et, comme j'étais moi, je m'inquiétais déjà du moment où j'allais devoir rembourser. Être tellement redevable à un couple ne m'enthousiasmait pas. Je veux dire, il suffit de voir où je m'étais retrouvée quand le couple m'était redevable à moi.

Je repoussais sans cesse ces réflexions dans un coin au fond de ma tête. Si j'avais permis à une de ces pensées, ou à toutes, d'occuper mon esprit, je n'aurais pas pu aller bosser le matin. Ni me rendre au cabinet de Beth l'après-midi, sûrement pas.

Voilà comment les choses avaient commencé à s'organiser – je la voyais presque tous les jours, à présent. Je ne m'étais pas rendu compte comment ni depuis quand on en était venues à se voir si souvent. C'était presque comme si quelqu'un d'autre qu'elle l'avait décidé. Sauf que c'était elle.

Parfois j'arrivais là-bas au moment où les autres partaient – les gens avec qui elle bossait, les psys et compagnie. En général, j'attendais un peu dans ma voiture parce que je détestais leur façon de me regarder. La façon dont leur amabilité trahissait tout ce qu'elle cachait. Parfois je restais assise dehors si longtemps qu'elle finissait par venir me chercher. J'aimais bien sa manière de poser son bras autour de mes épaules pour me conduire à l'intérieur.

Mais une fois dans son cabinet, il me fallait toujours un moment pour m'asseoir. En quelque sorte j'arpentais son bureau, mais ce n'était pas assez grand pour le faire longtemps. Elle me demandait comment ça s'était passé à mon travail, et on causait de banalités du même acabit pendant un petit moment. Je finissais par m'asseoir à un moment où, me disais-je, elle ne remarquerait peut-être pas que je ne m'étais pas assise tout de suite.

Je m'asseyais sur cette chaise, en face d'elle. Elle n'avait pas de divan. C'était sans doute une bonne chose, car quand on a déjà du mal à s'asseoir, qu'est-ce que ce serait de s'allonger ?

Mon comportement datait du tout premier jour. Rester assise dans ma voiture, non, mais le reste, oui. Maintenant que j'étais sortie je ne savais pas quelle attitude adopter avec elle. Ce qui avait circulé entre nous me gênait. Notre façon d'être ensemble avant. Et je me disais, elle aussi peut-être, parce qu'on était comme ça toutes les deux : timides et prudentes. Aucune de nous deux ne savait par où commencer, et dans mon cas, le sentiment qu'il n'y avait rien à dire empirait les choses. Alors je passais d'une jambe à l'autre pour éviter de parler.

C'est comme ça, je crois, qu'on avait commencé à parler de banalités. Le tout premier jour, quand elle m'interrogea sur ma première journée de travail, puis les jours suivants, identiques. Des jours qui passent dans une sorte de brouillard et te laissent tremblante et chancelante. Qui te font sentir que peut-être tu ferais mieux de revenir à ce que tu sais faire. Pour moi en tout cas. Cette tentation était déjà bien présente, ce qui me surprit, encore que.

Je ne sais pas si elle aussi en avait conscience, en tout cas elle n'en dit rien. Mais une fois que j'eus réussi à m'asseoir et qu'on en eut fini de parler de la pluie et du beau temps et cætera, elle demanda : « Bon, alors comment cela a-t-il commencé pour vous ? »

Si je n'avais pas mis aussi longtemps à m'asseoir je me serais levée, car c'est la question qu'ils posent tous. Ceux qui gobent le truc. Tôt ou tard, ils y viennent. Si tu es jeune, en tout cas. Et même si elle l'avait formulé différemment, je n'étais pas certaine qu'elle ne voulait pas dire exactement la même chose, alors je la pris gentiment pour une conne. Je dis : « Comment quoi a commencé ? »

C'était surtout pour entendre comment elle le formulerait. Comment elle appellerait ça. Mais elle se tut, ce qui était sans doute avisé.

Comme elle se taisait, aucune de nous deux ne parla pendant un temps. Et pile au moment où je me disais que je ne lui adresserais plus jamais la parole, je me mis à lui raconter. Et à la haïr un peu parce que je savais que j'avais envie de lui raconter. Je ne veux pas dire que j'avais envie de le raconter à quelqu'un et qu'elle se trouvait là. Je voulais que ce soit elle, la personne à qui je dirais tout.

Pourtant je n'avais pas l'impression qu'elle avait envie d'écouter. Je lisais dans ses yeux comment elle se sentait. Et ce n'était pas ce que j'attendais. Je n'aurais pas su dire ce que j'attendais au juste, mais là ça ne me paraissait pas dans la norme. Elle semblait au bord des larmes, ou en colère. Elle avait un peu le même air que la fois où Ingrid était venue me voir.

Je me levai pour partir parce qu'apparemment on en avait terminé. Mais quand je me dirigeai vers la porte elle se dépêcha de se lever pour me retenir. On n'avait pas arrêté de faire ça. Mais cette fois, c'était différent. Le lieu était différent. Je la laissai s'accrocher à moi un moment. Je la tenais aussi, parce qu'autant que je pouvais en juger, c'était ce dont elle avait besoin. Et parce que ça me rappela qu'on n'était pas nouvelles l'une pour l'autre.

Elle se colla en quelque sorte contre moi, rien n'était très clair là-dedans – de la même façon que je n'aurais pas su définir précisément ce que je lui faisais, ni m'abstenir de la toucher, même si j'avais voulu. Je pourrais vous dire que j'ai posé mes mains sur ses fesses seulement pour garder mon équilibre. Je pourrais presque avancer cette explication et y croire tout en connaissant l'autre. Mais l'action simultanée de deux choses, je ne la mets pas en doute. Je fais, c'est tout. On le fait tous. Tout le temps.

Beth n'était pas beaucoup plus petite que moi, mais je me sentais toujours immense quand elle était dans mes bras. Mes grandes mains en maraude, elle si petite en dessous. Je ne faisais pas vraiment attention à ses mains. Pas au début. Mais ensuite elle en posa une dans mon dos, assez bas. L'autre, elle la promenait autour de mon cou. Pas toute la main, juste le bas de la paume. Et aussitôt après elle avait glissé ses doigts dans mon col, me caressant doucement à cet endroit-là jusqu'à ce que mes genoux se dérobent.

Je ne sais pas laquelle de nous deux s'écarta la première. Je me souviens qu'elle me demanda de revenir m'asseoir, et j'obéis. Je m'assis, dégingandée et molle, en essayant de comprendre les questions qu'elle me posait. J'étais lente, comme si le sang n'irriguait plus mon cerveau.

Elle, apparemment, ça allait, à part une pointe de nervosité. Elle dit : « Pourquoi vouliez-vous partir en courant ? »

Il fallait que je gagne du temps parce que je ne m'en souvenais plus. Pas tout de suite, alors je dis : « Quoi, j'ai couru ?
– Vous paraissiez pressée. »

Sa voix était un peu hachée, c'était une brèche dans laquelle j'aurais pu m'engouffrer. Mais en même temps, cela me rappela pourquoi je m'étais levée, alors je la laissai tranquille. Je me voyais mal lui dire que c'était à cause de son comportement, de son visage qui s'était enflammé.

Je bottai en touche. Je dis : « Je sais pas. J'imagine que j'en avais assez de vous raconter des trucs. »

Cette réponse ne parut pas du tout la satisfaire, mais elle laissa passer. « Voulez-vous toujours partir ? »

Non, évidemment je ne voulais plus partir, mais seulement parce que j'avais envie de sa main sur ma nuque, pas de parler. Je pensai que si parler devait nous y ramener, je le ferais. Je dis : « Non, je ne veux pas partir. Plus maintenant. Ça va maintenant. »

J'avais oublié ce que je lui avais dit. En tout cas, il ne m'avait pas fallu longtemps pour lui raconter ma première fois, cette pipe pour vingt dollars. De cela, je me souvenais. Mais la suite ? Aucune idée.

Elle me précisa qu'on s'était arrêtées au mari d'Ingrid, à ma première fois avec lui. Que je lui avais raconté qu'il semblait ne pas descendre du train, mais venir de quelque part dans mon dos, et qu'à ce moment-là je m'étais levée.

Je me mis à lui raconter qu'il m'avait demandé si je cherchais quelque chose. Et que cela m'avait prise au dépourvu, parce qu'en général c'est le genre de truc qu'on dit aux mecs. Il avait inversé les règles du jeu, dès le départ.

« Et vous vous êtes sentie ?
– Intéressée », dis-je, mais sans ajouter méfiante et sur mes gardes. Je passai aussi sous silence que j'avais peur,

parce que ce n'était pas l'image que je me faisais de moi-même, en particulier quand je bossais. Jamais je n'aurais voulu qu'un client s'en rende compte, et je ne voulais pas non plus qu'elle me voie ainsi. Déjà, je me retrouvais à la juger tout le temps, pour essayer de la situer.

« Pourquoi intéressée ? » demanda-t-elle.

« Parce qu'il ne se comportait pas comme les autres. Il ne regardait pas sa montre et ne jetait pas des coups d'œil alentour. Il se comportait comme si jamais il n'avait cherché à donner des excuses à quelqu'un qui l'attendait à la maison. »

Elle ne fit aucun commentaire, alors j'en revins à ce qui s'était passé, lui racontant comment il en était venu directement à ce qu'il voulait. Elle me demanda ce que c'était, et j'eus du mal à le lui dire. Je me retenais de me lever. Je bougeai les jambes pour mieux me caler sur la chaise.

« Qu'est-ce qu'il voulait ? » demanda-t-elle de nouveau et si doucement que j'aurais presque pu prétexter ne pas avoir entendu, mais à la place, je dis : « Il voulait me prendre par-derrière. »

Je ne la regardai pas en parlant, et elle ne me regardait pas. Je le sus parce que quand je finis par la regarder, elle avait les yeux perdus dans le vague derrière la fenêtre. Et ça faisait un moment qu'elle était comme ça, je le voyais.

« Vous avez accepté ? » demanda-t-elle en regardant toujours par la fenêtre, donc je pouvais la regarder.

« Mmm, mmm », fis-je, mais je m'arrêtai là.

Elle dit : « Que s'est-il passé ? »

C'est sa voix, la douceur de sa voix ; c'est ce qui me permit de lui dire. « On est monté dans sa voiture – sur le siège avant. Il m'a demandé d'enlever ma culotte.

« J'ai fait ce qu'il demandait. Puis j'ai tendu le bras vers lui mais il m'a attrapé le poignet en disant : "Je ne veux pas que tu fasses ça."

« Il m'a dit de remonter ma jupe. Il m'a matée pendant un moment, après il m'a touchée et quelque part j'étais... Vous savez, en général ça ne m'arrive pas, mais en général ils ne font pas comme ça. Il s'en est rendu compte à ma manière de respirer, il a dit : "Viens."

« Il est descendu de la voiture et m'a fait descendre après lui ; il m'a poussée sur la banquette arrière, sur le ventre. J'étais à moitié à genoux et à moitié allongée, et au départ c'était pas si facile, parce que je ne pouvais pas me mettre à l'aise. »

Je m'arrêtai parce que lui raconter me ramenait là-bas, et j'avais besoin qu'elle m'apporte quelque chose. Peut-être le savait-elle, parce qu'elle me regarda dans les yeux, et son regard – j'eus l'impression de ne jamais avoir autant compté pour personne.

Je me remis à parler. Mais à présent ma voix était cassée, douce et déraillante. « Ça m'a fait mal, voilà ce que je dis. Ça m'a fait super mal. Comme ça, ça fait toujours mal au début si on ne peut pas se détendre. Mais après il a dit : "Allez, ma petite, on avait un marché." »

Je m'interrompis de nouveau. Je voulais Beth. Elle me fixait toujours de la même manière, au début ça me plut. Au début je gérais, mais ensuite je dus baisser les yeux.

À ce moment-là, elle demanda : « Que s'est-il passé à la fin ? » Comme plus tôt, sa voix était hachée, mais cette fois, vu où j'en étais, cela me rendit prudente, j'avais comme une envie de la faire marcher. Je la regardai pendant un petit moment.

« Que s'est-il passé à la fin ? demanda-t-elle de nouveau. Qu'est-ce qui a fait que c'était difficile pour vous ? »

Et quelque chose à propos d'elle, ou de moi, ou de ce que j'avais besoin de dire, me fit changer d'attitude, me rendit dure, mais je lui dis quand même.

« Il m'a fait jouir, O.K. ? C'était ça, le truc. Il me faisait jouir, je sais pas, toujours avant lui. Et après je ne me sentais pas bien et il…

– Que s'est-il passé cette fois-là ?

– Il m'a retournée. Il m'a fait mettre sur le dos. Et il a mis son genou entre mes jambes et m'a obligée à le sucer. Mais il ne déchargeait toujours pas. Et il n'était pas prévu que je le suce, et bref, après il s'est branlé. Il m'en a mis sur le visage, dans les cheveux, comme l'autre fois, comme toujours…

– Quelle autre fois ?

– La nuit avec Ingrid. » Mais alors, je ne savais plus comment j'en étais arrivée là, d'où j'étais partie, de quoi j'étais partie dans ce que j'avais dit. Je regardai Beth. J'avais besoin qu'elle m'aide à comprendre comment. Mais en la voyant, je fus convaincue que je venais de commettre une erreur. Elle s'était raidie au point que je pensai qu'elle allait se lever, mais non, et moi non plus, même si j'en avais envie, pas de partir mais d'aller vers elle.

On resta absolument immobiles, se taisant toutes les deux. Du coup, je me retrouvai coincée quelque part entre la honte et la colère – à vouloir m'accrocher à quelque chose qui puisse me faire mal.

Elle parla la première. Elle dit : « Qu'y avait-il exactement entre Ingrid et vous ?

– Je sais pas », dis-je, et c'était vrai. C'était une chose que je n'arrivais pas à m'expliquer parce que je n'arrivais pas à expliquer Ingrid ou l'importance que j'avais pour elle. Je n'arrivais pas à croire que j'avais de l'importance pour elle, et effectivement ça changeait sans cesse. Un jour elle me voulait et le lendemain non. Un jour elle jouait le jeu dans son rôle d'épouse et le lendemain elle faisait comme si elle en ignorait tout.

Et moi, eh bien j'étais d'autant plus mal de me revoir mêlée à tout cela. Et au lieu de ressentir de la compassion et de la compréhension, je trouvai de la haine. Plus forte pour elle que pour lui. Lui, je pouvais en faire abstraction. Ou au moins faire semblant.

Tout ça, je le pensais mais ne le formulais pas. J'arrivais à peine à l'organiser dans ma tête. J'avais terriblement peur de ce qui se passerait si je le laissais franchir mes lèvres. Une torpeur accompagnait toujours ce type de réflexions. Une incapacité à poursuivre, et à la place une envie énorme de laisser tomber, d'abandonner. Et de me lever, je suppose, parce qu'en fait c'est ce que je fis, presque sans m'en rendre compte.

Je ne me ruai pas vers la porte comme la fois précédente, avançant plutôt comme une somnambule, et c'est peut-être pour ça que Beth ne broncha pas. J'étais dans la salle d'attente, j'avais presque atteint la porte quand elle me rattrapa. On s'assit sur un canapé qui se trouvait là et je m'écroulai si facilement contre elle. Je me reposai. Et je ne sentais ni ses bras ni ses mains, seulement elle comme une totalité contre laquelle m'appuyer.

Je ne sais pas combien de temps on resta ainsi. Si je dormis vraiment ou restai dans un état proche du sommeil. Je me rappelle m'être réveillée, ou quelque chose d'approchant. Elle avait bougé, alors je fis le premier pas. Je me mis debout d'un bond, mais pour me retrouver à genoux par terre. Je n'aurais pas pu dire ce qui se passait. Je me souviens avoir prétendu que mes jambes s'étaient endormies « en même temps que le reste », dis-je, je crois, en essayant de le prendre à la rigolade.

Elle m'observait depuis le canapé, hébétée elle aussi, et sans comprendre. C'était comme si nos émotions à toutes les deux avaient été aspirées, la laissant toute pâle. Je ne savais pas si je devais partir, partir et la laisser là.

Je me relevai. Fis quelques pas pour me tester. J'ignorais l'heure qu'il était et il n'y avait pas d'horloge en vue. J'envisageai de décrocher le téléphone. Pour avoir l'heure, parce que tout d'un coup ça paraissait important. Beth portait bien une montre, mais je me rendis compte que je ne croirais pas ce qu'elle indiquerait.

Je laissai passer tout cela avant de m'asseoir avec elle. Elle s'était reprise. Elle dit : « Je crois que vous feriez mieux de partir. » Je ne la questionnai pas. Je fis simplement ce qu'elle avait dit.

Sur le chemin du retour, je passai à côté du parking. Ce n'était ni prémédité ni inhabituel, c'était simplement le chemin le plus court pour rentrer, ou le deuxième plus court. L'itinéraire que j'empruntais le plus souvent et en général sans trop faire attention. Il était trop tard pour les banlieusards, et même si j'en avais envie, je ne traversai pas le parking en voiture. Je ne pensais pas à cette envie. Je ne la ressassais pas. À la place, je la considérais comme un truc naturel. Un truc qui allait sûrement arriver à un moment ou à un autre.

14

Je n'eus aucun mal à trouver le sommeil ce soir-là – avant d'arriver, je dormais déjà. Le réveil fut plus difficile. Quand j'y repense, je crois qu'on était restées tard, avec Beth. J'étais rentrée aux alentours de minuit et c'était déjà l'heure de me lever. D'une certaine façon, les heures passées à dormir sur son canapé n'avaient fait qu'accentuer ma fatigue.

Je fis mon travail machinalement. Avec une amabilité vague qui semblait n'émouvoir personne. Ils ne me connaissaient pas autrement. En milieu d'après-midi, je me surpris à regarder l'heure, agitée, déjà.

Je pris ma pause de l'après-midi au bar d'en face. Juste un petit verre pour contrebalancer les tonnes de café bues pour me réveiller. C'était la raison de mon angoisse, j'en étais sûre. Après le boulot, je m'arrêtai de nouveau au bar. Cette fois je bus deux verres. Je ne m'attardai pas plus longtemps pour ne pas être en retard à son cabinet.

Comme la veille, j'arrivai là-bas au moment où tout le monde partait. Je m'assis et fis semblant de lire des magazines, en évitant de croiser les regards. Surtout le sien, car elle était là, elle aussi. Elle disait au revoir à des gens. On s'observait de la même façon – du coin de l'œil.

Une fois tout le monde parti, on entra dans son bureau, elle m'emboîta le pas et ferma la porte derrière elle. Je marchai comme un ours en cage, comme d'habitude, pendant qu'elle s'asseyait et qu'elle commençait à me poser des questions, les mêmes qu'hier, les mêmes futilités.

Je sentais son regard posé sur moi et je me retenais de la regarder. Je l'évitai aussi longtemps que possible, j'avais l'impression que si je croisais son regard, je me serai sentie mal à l'aise debout et je me serais assise avant d'être prête à le faire. Alors je balayais des yeux les étagères, les livres et les bibelots. Je laissais courir mes doigts sur certains objets mais sans toucher vraiment.

J'étais tellement absorbée que je mis du temps à m'apercevoir qu'elle ne disait plus grand-chose et ne me posait plus de questions. Tout s'alourdit sous l'effet du silence, mes bras et mes jambes en particulier. Je me dirigeai vers la chaise, comme si mes jambes se souvenaient du chemin et me dictaient de les suivre.

Une fois que je me fus assise, elle garda le silence un moment puis dit : « Vous avez l'air fatiguée. »

Je ne répondis rien, pas tout de suite. À la place, je la regardai pour la première fois de la journée. Elle n'avait pas l'air fatiguée, et je me demandai pourquoi. Pourquoi aurait-elle dormi plus que moi ? Je dus faire un effort pour que cette pensée énervante ne fasse pas barrage entre nous.

« Ça va », finis-je par lâcher.

« Au travail, ça se passe bien ? »

Là je me ressaisis un peu, elle m'avait déjà posé la question un peu plus tôt, je m'en souvenais. « J'ai déjà répondu que oui, non ? » Ce n'était pas dit méchamment mais sur un ton monotone, presque interrogatif.

« Je ne savais pas si c'était sincère », fit-elle.

Je détournai les yeux tout en essayant de comprendre ce qui chez elle me rendait si furieuse. J'essayais de cacher cette colère et en même temps je voulais la sonder. Je me tassai encore plus sur ma chaise. Mes jambes me faisaient terriblement souffrir. Mes mains aussi me faisaient mal, et je voulus mettre ces douleurs sur le compte de mon boulot. Je n'étais pas habituée à rester debout toute la journée, voilà tout. J'essayai de croire à cette explication, mais sans y parvenir, ne serait-ce qu'un peu.

La fatigue que je ressentais n'était pas de cet ordre-là – elle ne venait pas de l'intérieur. C'était comme si un poids venu de l'extérieur m'écrasait, et du coup je ressentis le désir d'y résister. Je savais que la bataille était perdue d'avance. Et je voulais perdre. Car même si j'essayais de me persuader du contraire, ce poids avait quelque chose de très doux, de faussement sécurisant.

Je levai les yeux vers elle, faisant un effort démesuré, ma tête était devenue aussi lourde que le reste de mon corps. Je dus m'avachir sur ma chaise, pesant de tout mon poids contre le dossier.

Elle dit : « Voulez-vous m'en dire plus sur Ingrid ? »

Je la regardai en me demandant si quelque chose m'avait échappé, c'était possible, vu mon état. « On parlait d'elle ? » demandai-je.

« Hier », fit Beth.

Or je ne me souvenais de rien, donc impossible de savoir par où commencer. Ça me mit mal à l'aise, j'avais perdu le fil et je ne voulais pas qu'elle le sache. Je ne savais pas comment me défendre. Je restai assise, larguée, et elle continua à me harceler.

« Elle était quoi pour vous ?

– Rien », dis-je, sur un ton qui trahissait tout le contraire. Mais je restai sur cette idée : « Une cliente. Elle lui a demandé de m'acheter, O.K. ? C'est ça que vous voulez savoir ? Vous voulez savoir comment ça marchait ?

– Je veux savoir ce qu'elle signifiait.

– Je vous l'ai dit. Rien.

– Ce n'est pas l'impression que ça donnait quand elle est venue vous voir.

– Ah, et ça avait l'air de quoi ? » Je sentis clairement qu'elle me mettait à cran, j'avais moins sommeil. D'où mon envie de continuer, de lui rentrer un peu dedans. Je dis : « Pourquoi vous êtes partie en courant ?

– Ça ne me plaisait pas de voir ça. »

Elle l'avait dit très doucement. Et je l'avais vue le dire, même si elle ne me regardait plus.

Je ne m'attendais pas à cet aveu, aussi petit soit-il. Prise de court, je me sentis me détendre. Alors quand elle me tendit la main, je la pris. L'instant d'après, on était dans les bras l'une de l'autre, debout. J'avais terriblement envie de l'embrasser. Ce désir et l'impossibilité de le satisfaire m'étaient si familiers. Elle avait posé sa tête derrière la mienne, je sentais sa joue contre mon cou, sa bouche contre mon épaule et sa main qui écartait mon col. Elle portait une robe qui découvrait une grande partie de ses épaules et un peu son dos, je glissai ma main dessous. Tout en m'imaginant que mon geste pouvait sembler fortuit.

À ce moment-là, elle se laissa aller négligemment contre moi, alors je la serrai plus fort. Je me sentis partir moi aussi – à la fois molle et tendue. Rester debout devenait de plus en plus dur. On était tellement lourdes toutes les deux que le sol nous attirait. Je voulais être au moins à genoux.

Je me décollai d'elle et retournai en chancelant vers ma chaise. La porte, c'était là que je devais aller, seulement elle était trop loin. Elle resta debout encore un instant. Elle faisait une tête comme si elle essayait de se rappeler quelque chose, mais ensuite elle rougit et s'assit. Je me mis à penser à la veille au soir. Puis je me demandai ce qu'une personne pouvait comprendre aux choses qu'elle désirait trop fort et qui faisaient le plus peur, parfois non sans raison.

Ces pensées me ramenèrent facilement à Ingrid. Sans me reconnaître dans ces propos qui pourtant m'appartenaient, je dis : « Je pensais que je l'aimais. Elle me disait des choses. Je n'étais pas dupe. Je n'aurais pas dû…

– Qu'est-ce qu'elle vous disait ? »

La voix de Beth, si neutre, retenue et lointaine, suffit à me stopper net dans mon élan. Pas question de retomber dans le panneau, pas si conne. Je m'arrêtai de parler et je m'agitai, ça ne se voyait pas, c'était intérieur.

Visiblement, elle avait pris le chemin inverse. Elle s'était complètement perdue, et pourtant c'était comme si elle ne remarquait pas le silence. On resta assises comme ça un long moment. Elle fixait un point par la fenêtre. Moi, je la fixais elle. Je n'étais plus agitée, j'étais barrée au même endroit qu'elle. Ce qui m'amena à vouloir lui offrir quelque chose. Mais j'étais incapable de savoir quoi.

Comme la veille, elle finit par me demander de partir. Ça me blessa, elle me blessa. J'eus envie de lui faire mal à mon tour, mais je me retins. Je ravalai ma réponse et me rendis compte que j'avais déjà beaucoup de choses en travers de la gorge. Je me consolai en imaginant un plan pour prendre ma revanche. Pas sur elle, mais sur moi.

C'est ce que je ressentais – je savais exactement ce que j'allais faire, la seule question était de savoir quand.

15

Le lendemain Beth m'appela au travail. Elle me demanda de venir un quart d'heure plus tard que d'habitude. Bien sûr, j'ai fait, pas de problème, en pensant que ça me laisserait le temps de boire un verre de plus après le boulot.

Elle resta en ligne comme si elle voulait ajouter quelque chose. J'avais des clients qui attendaient, alors je dis : « Il y avait autre chose ? »

Elle répondit non, je crois pas. On raccrocha toutes les deux et je repris le travail les mains un peu tremblantes, le reste du corps engourdi, mou et impatient.

Quand j'arrivai chez elle ce soir-là, il n'y avait personne. Elle était seule et ça me fit plaisir. J'imaginai même qu'elle avait changé l'heure pour moi, parce qu'elle avait senti mon malaise. J'avais bu quatre verres d'affilée, debout au bar – à l'angle près de la porte. Du coup, une fois dans son cabinet, m'asseoir me sembla plus facile. Impossible de le faire tout de suite, même si je me doutais que c'était sûrement l'usage, mais au moins je ne fis pas trop traîner.

D'entrée, elle me parut plus calme que d'habitude, et

cette impression se confirma lorsque je m'assis. Comme elle n'avait encore rien dit ni posé aucune question, je levai furtivement les yeux vers elle pour m'assurer qu'elle était bien là. J'eus tout d'un coup peur qu'elle soit déjà ailleurs. Qu'elle se soit perdue avant moi. Mais son regard était si perçant qu'il paraissait presque sévère, et je me surpris à sourire.

Elle ne m'amusait pas. Ce sourire était une autre facette de cette même peur, exprimée différemment. Je me mordis la langue pour effacer ce rictus de mon visage. En vain. « Qu'est-ce qu'il y a ? » demandai-je alors. Elle ne se rendait pas compte de la tête qu'elle faisait, j'imagine, parce qu'elle répondit : « Rien », d'un ton convaincant.

Elle ne me posa aucune question sur mon boulot et je ne hasardai rien. J'étais inquiète à l'idée d'avoir l'air ivre ou de me comporter comme si je l'étais. Ça me paraissait impossible après juste quatre verres – bon, sans compter les deux de l'après-midi. C'était plutôt que j'avais besoin d'un autre verre. D'autant plus que dès qu'elle commença à me demander des trucs, elle embraya illico sur Ingrid.

Sans le vouloir, je devins peu coopérative. J'aurais pu lui parler du reste mais pas de ça. Je regrettais ce que j'avais dit la veille. Je me sentais un peu bête de lui avoir dévoilé tout ça. En plus, après, elle était partie, en me laissant seule avec ça. Où qu'elle soit allée, ça la travaillait, elle aussi, mais différemment. Il fallait que je comprenne comment, mais pour l'instant j'en étais incapable.

L'espace entre nous était un champ de mines, alors que faire d'autre sinon tout arrêter ou du moins essayer ? Je détestais sa disponibilité, mais cette sévérité était encore pire. Elle lacérait l'espace entre nous. Le rendait agité et trouble. Je me serais bien levée mais je savais l'effet que ça aurait et je préférais garder ça pour plus tard.

« C'est pour elle que vous êtes restée ?

– Je ne sais pas, dis-je. Pas vraiment. C'est difficile de savoir où il finissait et où elle commençait. De faire la part des choses. Je ne me souviens pas bien. »

C'était typiquement le genre de trucs que je lui sortais. Ça ressemblait à une moquerie, surtout cette dernière phrase, mais à ce moment-là, ça ne l'était pas. Le reste du temps, je me souvenais de ce qui s'était passé avec eux, avec Ingrid et lui. Le reste du temps, ça m'obsédait. Mais le fait d'être assise là avec Beth changeait le regard sur les choses, les déplaçait encore un peu, jusqu'à leur faire perdre tout leur sens et la mémoire qu'on en avait.

C'est dans ces moments-là que trouver une porte de sortie, ou un moyen de revenir, semblait si nécessaire, avec Beth et rien que pour elle. Pour toucher Beth. Mais à chaque fois, elle finissait dans le même état que le mien avant – perdue et hébétée –, et ce qui me ramenait à moi, c'était que ça me chauffait. Ça me mettait en colère, je veux dire, mais pas seulement. Ça me chauffait tout court. D'une façon qui circulait sous la surface et régissait tout entre nous. C'était omniprésent, mais jamais avoué.

Pour l'instant du moins j'étais encore capable de parler, et elle aussi. « De quoi vous souvenez-vous ? » dit-elle.

« De détails sans signification. » Comme ce n'était pas vrai non plus, quand elle me demanda lesquels, je lui racontai d'autres trucs, du style : « Elle disait qu'on allait s'enfuir ensemble. Je ne voulais pas parce que je ne la croyais pas. Je ne pensais pas qu'elle le ferait ou qu'on pourrait.

« De toute façon je ne me voyais que comme le déclencheur. Je ne voulais pas être près d'elle quand elle s'en rendrait compte. Ça aurait fini en dispute. »

Je n'avais pas prévu d'en dire plus, mais Beth demanda : « Expliquez-moi ça.

– Si on était parties, elle se serait rendu compte que je n'étais pas la bonne personne. Celle qu'elle avait faite de moi. Combien de temps elle aurait mis, hein ? »

Beth ne répondit rien et je continuai à parler simplement pour combler le vide, je crois.

« Comme je ne voulais pas en arriver là, j'ai préféré penser qu'on ne partirait jamais. Parce qu'elle n'en serait jamais capable. Je n'y croyais pas jusqu'à ce que je me retrouve toute seule dans cette maison.

« Je n'ai pas eu à réfléchir longtemps. Il fallait que je me tire de là vite fait. Que je file avant qu'il ne revienne. Je n'ai même pas envisagé d'autre solution. Du moins pas avant de me retrouver dans la bagnole avec les flics. Pas avant de me rendre compte à quel point il avait le bras long, et qu'il ne me lâcherait pas, contrairement à elle. »

Je m'interrompis parce que ce dernier truc me propulsa dans un endroit que je ne connaissais pas. Je n'avais jamais pensé en ces termes avant, alors je voulus comprendre. Mais arrêter, aussi. Arrêter ce flot avant d'ajouter autre chose du même ordre.

Je lançai un regard à Beth, j'avais arrêté de la surveiller et venais juste de m'en rendre compte. Elle me regardait droit dans les yeux. Cela me déstabilisa encore plus, jusque-là je m'étais dit que peut-être elle n'écoutait pas. Voir que c'était le contraire me troubla d'autant plus que c'était ce que je désirais, mais en même temps non. C'est-à-dire que je le voulais, mais à la fois ça me faisait peur.

Je sais ce que j'aurais ressenti si elle s'était fermée, mais je n'arrivais pas à comprendre ce que cette autre attitude provoquait en moi. Sauf que ça me donnait envie d'aller ailleurs. D'ailleurs c'est ce que je fis, je me retrouvai debout, mais je n'allai pas loin. Pas même jusqu'à la porte, à la place je m'approchai de la fenêtre, et je compris alors que j'étais en train de l'attendre.

Quand elle fut derrière moi, je ressentis d'abord une sorte de soulagement. Puis un frisson, parce que derrière moi, ses bras entourant ma taille, c'était différent. Assez pour que je me retourne, pour me sentir moins exposée, plus maître de la situation. C'est ce que je pensais, sauf qu'en fait toute force m'avait abandonnée. Du coup, je tombai contre son corps d'une manière qui laissait la porte ouverte à tout.

Apparemment, elle n'était pas contre. Je sentis ses mains sous mon chemisier, dans mon dos un instant, puis elle les posa sur un endroit plus familier, mon cou. J'étais tellement molle, mais je le ressentis si fort. Si fort que rien d'autre n'exista pendant un moment. Pour elle non plus peut-être, parce que sa respiration devint plus profonde, je sentis la pression de sa poitrine contre moi, puis de son bas-ventre, et ce fut mon tour de la soutenir.

Cette fois on ne coupa pas court, mais sans aller pour autant plus loin. Ça resta comme ça – à la fois évident et impossible. Ce genre de choses, je peux facilement éviter de mettre des mots dessus et le garder dans un coin de ma tête pour y repenser plus tard ou jamais. Cette fois néanmoins, je me demandais comment elle faisait. Comment ça lui était venu et où elle le rangeait dans sa tête.

Je rentrai chez moi. Ou du moins je garai ma voiture et restai assise à l'intérieur. Je ne sais pas combien de temps je restai là avant de remettre le moteur en route et de partir faire un tour. Je souffrais de n'avoir nulle part où aller. Ce n'était pas du chagrin, mais un engourdissement dans mes muscles – une fatigue qui commençait à devenir familière, et, pour cette raison-là peut-être, je passai devant son cabinet.

Sa voiture était toujours là mais tout était éteint. Je me demandai ce qu'elle faisait, en même temps je le savais, mais suivre ces deux fils simultanément ne fit qu'accentuer ma fatigue.

16

Cette nuit-là, je me retrouvai à la gare, ce qui ne surprendra sans doute personne. Mais moi, si. Après coup.

Je reléguai cet épisode au fond de ma tête avec les autres dérapages anciens et continuai comme si de rien n'était. L'argent gagné, je le claquai vite fait et sans réfléchir, la nuit même, avant de retourner bosser le matin. Je me garai derrière le magasin, comme d'habitude depuis que j'y bossais.

Je m'étais toujours garée là plutôt qu'à la gare. C'était pour éviter de faire machine arrière. Ça ne pouvait pas durer éternellement, je le savais. Pas forcément à cause de l'éventuelle noirceur ou faiblesse d'un trait de mon caractère, ni même des événements de la nuit précédente, mais d'une réalité aussi triviale que le bureau des contraventions de la ville.

Ça fonctionnait comme ça : le parking derrière le magasin était gratuit et réservé aux clients. Il servait à tout le centre commercial, et par conséquent on ne devait pas y laisser sa voiture toute la journée. On était censé se garer à la gare, dont le parking était équipé de parcmètres de douze heures spéciaux pour les banlieusards et les employés.

Si on enfreignait cette règle, on était sûr de se faire prendre. Au bout d'un certain temps, la voiture était repérée. Ça avait déjà duré plus que je ne l'avais jamais espéré. Mais de là à me faire prendre justement ce matin-là ? Difficile, en tout cas, de ne pas y voir un coup du sort, ou une simple coïncidence, je ne sais pas trop. Quoi qu'il en soit, j'eus du mal à ne pas accorder à cet événement plus d'importance qu'il n'en avait. Évidemment, contrairement à la femme qui bossait aux cartes de vœux et avait un problème de hanche, il m'était impossible d'argumenter pour demander une exemption. C'est comme ça que je recommençai à traverser la rue après le travail.

Je n'en dis rien à Beth, aussi parce que je ne lui avais jamais parlé de ma combine de parking. Je me disais, je crois, que cette petite combine pour me protéger, elle la trouverait bête. D'ailleurs je me trouvais bête aussi, j'imagine. Jugeant la solution stupide et moi avec parce que j'en avais besoin, je refusai d'admettre que sa fin puisse représenter un risque.

Je me fis prendre en milieu de semaine, j'avais donc toute la fin de la semaine pour m'entraîner à traverser la rue après le boulot et conduire jusqu'au cabinet de Beth. Puis je dus affronter le samedi. Je détestais bosser le samedi, alors la première semaine, quand j'appelais pour dire que j'étais malade, je ne fus pas obligée d'identifier ce que je fuyais précisément. Une semaine entière s'écoula avant que j'aie besoin de le savoir.

Vous allez penser, j'imagine, que je fais toute une histoire pour pas grand-chose, mais la semaine suivante, après le travail, j'eus du mal. Évidemment, il y avait une différence entre les voyageurs du samedi et les mecs qui prenaient le train du lundi au vendredi. Les premiers n'arrivaient pas en gare à six heures, heure à laquelle je quittais le boulot. Avant, j'avais l'habitude de prendre un verre dans ce même bar au coin du parking.

Alors ce soir-là, je renouai avec cette habitude. J'entrai prendre un verre. Pas au bar, mais à une petite table toute proche. Je m'assis et surveillai attentivement la porte, dans l'espoir mêlé de crainte de voir entrer quelqu'un. J'espérais, réalisai-je rapidement, croiser le mari d'Ingrid, ce qui me surprit beaucoup et en même temps pas du tout.

Le type qui finit par s'asseoir à côté de moi s'appelait Burt. Il avait l'impression de me connaître, dit-il, mais je savais que non. Il affirma également être un ami du barman que j'avais un peu fréquenté un temps. Je dus admettre que c'était possible – qu'ils soient amis, pas qu'il m'ait déjà rencontrée.

Burt paraissait réglo. Pas le genre qui m'attirait en général, mais pas mal. Il me demanda si j'avais envie de faire un tour, je répondis pourquoi pas, sans vraiment savoir ce qu'il voulait dire, ni de quoi on parlait.

Il avait une grande voiture rouge pâle qui n'était pas neuve, mais j'étais trop larguée pour penser en termes de cool ou de classique, je la trouvais juste vieille. Le type qui se trouvait au volant avait apparemment passé tout ce temps-là à poireauter. Burt et moi on monta à l'arrière et c'est tout. Nous partîmes faire un tour.

Sa maison se trouvait assez loin, mais je connaissais le quartier, j'étais encore en terrain connu. Il donnait une fête, je suppose, parce qu'il y avait des gens sur la pelouse et d'autres dans la maison. Un type fondit sur nous à l'entrée. Il tendit un verre à Burt, échangea avec lui quelques mots à voix basse et disparut de nouveau.

« Si tu veux quoi que ce soit, me dit Burt, demande à Jeremy.

– Qui ça ? » demandai-je, et il pointa son verre en direction du type qui venait de disparaître. Je crois qu'il faut que je dise tout de suite que je trouvais Jeremy plus que séduisant. Je me surpris à le chercher des yeux dans la foule. Quand Burt dut aller dans la chambre à coucher pour son bizness, Jeremy m'invita à m'asseoir sur un canapé et demanda au type qui avait conduit la voiture d'aller me chercher un verre.

Avant même d'en avoir bu une gorgée, je pensais déjà trop à Jeremy, et pas comme il aurait fallu. Lui pour sa part tenait apparemment beaucoup à me faire comprendre qu'il était l'associé de Burt et qu'il occupait une position radicalement différente de celle des autres types présents.

Rester assise là à discuter avec lui m'allait bien. Mais je présumais que j'étais là pour le sexe, or il ne s'était toujours rien passé et je me sentais à cran. C'est pour ça, je suppose, que je finis par rester si longtemps. Et puis je n'avais pas ma voiture ni assez de liquide pour un taxi. Au départ, mon but était de me faire un peu de cash en plus, mais maintenant il y avait aussi Jeremy dans tout ça.

Il se faisait tard quand Burt me demanda de le rejoindre dans la chambre à coucher. Les allées et venues dans la chambre, motivées par un but évident, n'avaient pas cessé de la soirée. Il me proposa de la coke et j'en pris. Elle n'était pas très bonne mais il en avait beaucoup. Il devait pouvoir se procurer aussi d'autres produits, me dis-je.

Ces raisons me suffirent pour les accompagner à une autre maison, qui se trouvait encore plus loin. Et même si je donne l'impression d'avoir eu la situation en main, ce n'était pas le cas. Pas vraiment. Je ne savais pas comment j'allais rentrer et ça commençait à me stresser. Ce qui me stressait plus encore, c'était la question du sexe qui n'était toujours pas réglée, et si je n'étais pas avec eux pour ça, alors qu'est-ce que je foutais là ?

Dans la maison, Burt resta dans une chambre à téléphoner et me laissa seule avec Jeremy dans une autre. Le même chauffeur resta dehors, à attendre. N'importe comment, on s'affala tous les deux sur le lit autour d'un miroir en pied que Jeremy avait décroché du mur. On prenait de la coke encore et encore, et de temps en temps je traversais le couloir d'un pas mal assuré pour voir ce que fabriquait Burt.

Les deux premières fois, je montai sur son lit. Je rampai vers lui quatre pattes pour tenter de comprendre ce qu'il voulait. Ça ne me mena nulle part. Finalement, je m'en tins à jeter des coups d'œil depuis le couloir, simplement pour m'extraire de ce qui se passait dans l'autre pièce, c'est-à-dire la coke.

Quand le jour commença à poindre, j'avais du mal à traverser le couloir. Il fallait que je m'assoie pour me reposer. Comme si je trébuchais, puis restais par terre. J'étais censée aller à mon boulot ce jour-là. Et voir Beth. Je ne voyais pas comment ce serait possible.

Jeremy me proposa d'appeler pour me faire porter malade. Je savais qu'en appelant moi-même ça ferait meilleure impression. Mais je m'en sentais incapable, alors au lieu de trouver ça barré, je lui fus reconnaissante. Il leur dit que j'étais tombée malade alors que je passais le week-end chez lui. Puis il me dit de ne pas m'en faire, parce qu'apparemment ils s'inquiétaient pour moi. Évidemment, à ce moment-là, l'acuité de sa perception était probablement comparable à la mienne, c'est-à-dire nulle.

Peu après, alors que nous étions retournés à ce que nous faisions depuis des heures, Jeremy fit : « Bon, d'après mon calcul, ta facture se monte actuellement à environ mille dollars. »

Ses mots me glacèrent, je me figeai, incapable de parler. Il dit : « Tu croyais quand même pas que tout ça c'était gratuit, si ? »

Il me sourit de ce rictus dont il ne s'était pratiquement pas départi de la nuit. Ça me rappela à quel point il était beau, et fort, physiquement. Et aussi qu'il prenait beaucoup de place sur le lit et que je ne savais pas comment rentrer.

Je ne l'avais pas entendu arriver, mais Burt se tenait dans l'embrasure de la porte. Je tournai la tête vers lui en entendant sa voix. « Il plaisante », dit-il.

Tout en recouvrant un peu mes esprits, je n'étais pas certaine de le croire. S'ils n'en avaient pas après le sexe, alors quoi ? Parce que juste de l'argent, ça me paraissait trop simple.

Je ne réussis jamais vraiment à me calmer. Jeremy refit la même plaisanterie par deux fois. Et puis il y avait toute cette coke. J'étais déchirée. Et personne ne m'avait encore touchée. Il avait été question de nous trois, ensemble. Mais même la conversation n'était pas allée bien loin. Personne n'arrivait à se concentrer suffisamment longtemps. Après, ils me déposèrent chez moi.

Une fois dans mon appartement, je me mis à fouiller les poches des manteaux et les tiroirs. Je me répétai que je voulais juste me calmer un peu, revenir à moi. Redescendre, pas perdre pied. Je finis par trouver un reste dans de l'alu, un bout si petit qu'il fallut le piquer sur une épingle pour essayer de le fumer. Je rallumais le truc encore et encore. J'étais encore en train d'aspirer quand le dernier soupçon de fumée s'est envolé.

Je voulais dormir, dormir longtemps. Et je voulais du lait chocolaté. Avant, j'en avais toujours au frigo. Ça m'aidait à me calmer. Mais maintenant, je n'en achetais plus, ou pas régulièrement. J'avais voulu décrocher pour de bon cette fois. Et j'avais aussi eu l'intention d'appeler Beth. Je me rappelai tout ça juste avant de m'assoupir.

17

Il se trouva que Beth appela. J'étais encore à moitié cokée et vaseuse. Dans cet état de semi-conscience où l'on scrute le plafond sans rien distinguer.

Elle fit : « Où êtes-vous ? »

La question me parut si idiote que je répondis : « Quoi ?

– Vous êtes supposée être ici », dit-elle.

Et même si à ce moment-là j'avais compris, je fis : « Où ça ? »

Elle garda le silence, et pour éviter qu'elle croie que je me foutais d'elle, j'ajoutai : « Désolée. Écoutez, j'arrive tout de suite. »

Je raccrochai et j'enfilai des vêtements. J'avais une sale gueule, je le savais, mais je me disais que ça passerait. J'étais contente que son cabinet se trouve assez près pour me permettre d'y aller à pied, je ne me sentais pas en état de conduire.

En descendant les escaliers, j'envisageai de prendre la voiture quand même – j'y serais tellement plus vite. Mais je me rendis compte que je n'étais pas certaine de savoir où je l'avais laissée. Puis la gare me revint à l'esprit. Une contravention devait fleurir le pare-brise, pensai-je. Ça pourrait attirer l'attention des gens du boulot, enfin encore faudrait-il qu'ils prêtent attention à moi.

Alors je marchai. Ça me fit un peu redescendre tout en me donnant un coup de fouet. Ça me réveilla. En arrivant à son cabinet, je pensais que ça allait. Pourtant, je crois que je ne ressemblais vraiment à rien. À en juger par la tête de Beth, c'est sûr. Elle affichait une mine, disons, prudente, ou réservée, ou peut-être simplement perplexe.

Je me mis à marcher de long en large, comme d'habitude. Elle patienta. Aucune de nous deux ne parla, et finalement le silence me poussa à m'asseoir.

« Qu'est-ce qui s'est passé ? demanda-t-elle. Qu'est-ce qu'il y a ? »

Je commençai mal. « Je suis malade, c'est tout. J'ai l'estomac en vrac, du coup j'ai pris ma journée et je me suis rendormie.

– Allons, dit-elle. Pourquoi me racontez-vous des histoires ? »

C'est vrai, j'avais un peu oublié à qui je m'adressais. Mais en même temps, je savais que j'avais une bonne raison d'esquiver ses questions. Sauf que je ne savais plus laquelle. Je n'arrivais pas à me rappeler quand je l'avais vue pour la dernière fois ni ce qui s'était passé entre nous.

Je gagnai du temps en ne répondant pas. En utilisant simplement le silence. Elle se pencha en avant sur sa chaise, posa les bras sur ses genoux et joignit les mains. Quand elle parla, elle donna à sa voix une intonation douce. « Je vous en prie, dites-moi ce qui se passe. »

Quand elle me parlait comme ça, de cette voix un peu hachée, je perdais toujours mes moyens. Avant de m'en rendre compte, j'étais déjà en train de lui raconter. Je lui disais : « J'ai été embringuée dans un truc ce week-end et ça s'est prolongé. Je ne pouvais pas rentrer chez moi ni aller au travail. Et j'imagine que je ne pouvais pas venir ici non plus.

– Dans quoi vous avez été embringuée, dans quoi ? »

À ce moment-là, j'avais suffisamment recouvré mes esprits pour voir ce qui m'attendait. Ma mise à l'épreuve était en jeu. Jusqu'où pouvais-je aller sans jouer avec ses nerfs ? Je dis : « Est-ce que ça restera vraiment entre vous et moi ?

– C'est si grave que ça ? »

– Non. C'est pas forcément si grave.

– Je crois que vous feriez mieux de me dire.

– À qui le raconterez-vous, après ?

– À personne, je ne dis rien à personne. »

J'y réfléchis un moment. Je ne sais pas si je la croyais. Je réalisai qu'il ne s'était rien passé, ça me poussa à continuer. Je n'avais pas vendu mon corps, et même si j'avais pris de la drogue, ce n'était pas interdit ; en tout cas, ce n'était pas clairement spécifié sur ma permission de libération. Ce n'était pas une condition. Il n'avait jamais été question de drogue. Seulement de prostitution. Alors que pouvait-on me reprocher ? Tentative de prostitution ? J'y croyais pas.

Je décidai donc de poursuivre, mais ne savais toujours pas par où commencer. J'avais omis trop de choses en cours de route. Des choses que je regrettais de ne pas avoir dites car elles auraient rendu tout ça plus facile à expliquer et franchement plus court. Je voulais commencer par le commencement, mais comme je fouillais ma mémoire pour le retrouver, mon esprit flancha tandis que mon corps se crispait.

Tout d'un coup, la position assise me fut douloureuse, alors je décroisai les jambes. Sans l'avoir décidé, je m'étais mise à frotter mes jambes endolories. Néanmoins, je restai sur ma chaise. J'y vis une petite victoire. Et je finis par stopper mes mains, leur mouvement, mais sans leur faire lâcher mes jambes. J'avais l'impression que sinon je n'aurais pas su où j'étais.

Beth ne fit aucun commentaire. Quand je tournai le regard vers elle, elle était de nouveau adossée à sa chaise, les yeux fixés sur mes mains. Apparemment, nous avions toutes deux perdu la notion du temps. Je crois qu'elle ne savait pas plus que moi quel chemin suivre.

Je devais éviter de me précipiter vers la porte, je le savais, mais sans pouvoir m'expliquer pourquoi. Mes mains sur mes jambes ne calmaient pas les fourmillements, au contraire, elles les absorbaient et ça remontait dans les bras. Je retroussai mes manches en faisant des petits revers serrés s'arrêtant juste au-dessus des coudes, je pensais que ça servirait de garrot et empêcherait les picotements d'atteindre ma poitrine.

« Pourquoi ne me racontez-vous pas », finit-elle par dire, ça ressemblait davantage à une suggestion qu'à une question, et me fit l'effet d'une sorte d'ouverture.

Je lui racontai les événements en passant sous silence leurs implications. Je tus le fait que je cherchais à gagner de l'argent et évoquai à peine Burt et Jeremy. Je m'en tins à la drogue, à la fête qui s'éternisa et à l'impossibilité de rentrer sans moyen de locomotion.

Beth dit : « Vous savez que vous devez vous accrocher à ce travail.

– Ouais, je sais », répondis-je.

Elle reprit : « Non, vraiment. C'est important. »

Je savais qu'elle voulait dire d'un point de vue légal, mais aussi que la durée de ma mise à l'épreuve était assez limitée. Ce n'était qu'une question de mois, après je serais libre. Garder mon emploi m'était égal, sauf sur un plan strictement pratique. Elle s'y prenait mal, mais c'était à cause de mes nombreuses omissions, je le voyais bien. Alors comment lui en vouloir de ne pas choisir la bonne approche ?

À moins de lui en dire plus, je savais qu'elle ne pourrait pas beaucoup m'aider. Je croisai les bras et serrai ma poitrine, car malgré tous mes efforts les frissons l'avaient envahie.

« Vous avez froid ? » demanda-t-elle.

« Non, pas exactement. »

De nouveau, elle se pencha en avant et joignit les mains. Et dit ceci : « Je crois qu'il faudrait que nous parlions d'Ingrid. »

Je ne m'attendais pas à ça. Je me retrouvai à serrer ma poitrine encore plus fort avant de lâcher prise pour essayer plutôt de respirer. Respirer fut plus efficace.

Elle était toujours assise dans la même position. Elle regardait ses mains à présent, et non les miennes, et j'eus l'impression de voir une lueur de tristesse, même furtive, passer dans ses yeux.

« Pourquoi Ingrid ? » demandai-je.

« Parce que c'est toujours quand on parle d'elle qu'on s'arrête. »

Beth continuait de fixer ses mains. Elle disait la vérité, mais en partie seulement. Ce qu'elle taisait me poussa à parler – mes raisons n'étaient donc pas bien plus nobles que les siennes. Je voulais l'allumer et la vexer, alors j'attaquai fort. « Bon, vous voulez savoir comment on baisait, si on le faisait souvent, ou peut-être même où ? »

Elle ignora ma provocation. « Je veux savoir ce que vous avez besoin de me dire », dit-elle.

Je répondis : « Eh bien, je veux savoir ce que vous voulez que je dise. Ou même pourquoi vous voulez savoir. »

Je m'arrêtai. Je voyais bien ce que j'étais en train de faire. Je me retranchai sur un terrain qui m'était presque familier.

Il fallait que je décide pourquoi sur ce point je me dérobais tellement. Je veux dire, bien sûr, mettre mon attitude sur le dos de Beth et de son désir de savoir était facile. Et d'autant plus tentant que ses raisons n'étaient pas dénuées de sous-entendus. Mais ça collait un peu trop bien avec mon besoin de ne pas en parler.

Beth et moi, on irait au bout de ce qu'on avait commencé, que je lui dise à propos d'Ingrid ou non. Ça, je le savais déjà, même si j'avais choisi de ne pas le reconnaître. Les intentions de Beth auraient pu m'encourager. Me motiver, comme une sorte de récompense. Le truc, c'est que je voyais les choses comme ça uniquement quand je me disais que ça n'arriverait jamais. Et en fin de compte, qu'est-ce que j'en savais ?

Et Ingrid ? Je me sentais écrasée et minable quand je voyais ce qui s'était passé avec elle. Comme si tout le temps passé à m'inquiéter à cause de son mari était peine perdue, car ça lui ouvrait grand la voie à elle, m'ouvrait à elle. Ensuite, elle m'avait porté un coup tel que je m'en étais à peine rendu compte.

Vous comprenez, n'est-ce pas ? Comment j'ai pu tomber sur le dos et ne plus bouger ? Dans cette position, c'est dur de donner du sens aux choses. C'est difficile de ne pas se laisser emporter par quelqu'un qui vous dit des mots que vous avez attendus toute votre vie, alors est-ce important si les paroles de cette personne sont vraies ? Je veux dire, à ce moment-là ? Est-ce important ?

Je ne dis pas qu'Ingrid mentait. Je sais qu'elle croyait ce qu'elle disait, même si au fond c'était simplement par nécessité. Sinon, comment diable aurait-elle pu me voir comme une solution ? Ça, ça a toujours été très dur à avaler, mais ça lui avait servi de déclic. Et moi ? Mon seul impératif, c'était d'être la personne qu'elle avait besoin que je sois, pas grand-chose d'autre, et j'étais née exactement pour ça.

Je n'avais pas l'intention de raconter ça à Beth. J'allais m'en tenir à ce qu'elle voulait entendre parce que comme je l'ai dit, je suis née et j'ai été élevée comme ça, et on ne se libère pas facilement de ce genre de fonctionnement. De plus, m'en libérer n'était pas à l'ordre du jour, ni du mien ni du sien, ce n'était pas prévu – et ne le serait peut-être jamais, ou en tout cas pas dans l'immédiat.

Beth avait laissé ma dernière question en suspens, celle sur les raisons pour lesquelles elle voulait savoir. Apparemment, ça l'avait blessée et je n'arrivais pas à décider si je voulais la laisser tranquille ou l'achever. « Laissez tomber », dis-je, en essayant de trouver un compromis. « Laissez tomber, je crois savoir pourquoi. »

Aussitôt après avoir parlé, je me rendis compte que cela pouvait vouloir tout dire. À ma façon de le dire, avec une sorte de douceur, tout le monde pourrait penser que…

« À votre avis, que devrais-je vous dire ? » Ça aussi je le dis avec douceur, maintenant que j'avais commencé dans cette veine, presque par hasard, la douceur m'attirait irrésistiblement. C'était tout ce que je pouvais faire pour éviter de la consoler vraiment. De me lever pour la prendre dans mes bras, je veux dire.

« Pourquoi ne pas commencer simplement par le début ? » demanda-t-elle, et sa voix parut si lasse.

C'est à ce moment-là seulement que je me rendis compte que je n'avais rien raconté. Je m'en étais tenue à des histoires de banlieusards inoffensifs, et chaque fois que j'arrivais à Ingrid et à son mari je contournais le sujet. Pas tout à fait – c'est-à-dire que je lui avais parlé de ma première fois avec lui. J'en étais relativement sûre. Pas complètement, en fait, mais presque.

« Je vous ai raconté que j'étais retournée à la maison ? »

Elle secoua la tête sans dire un mot et regarda par la fenêtre. Il faisait trop noir dehors pour distinguer quoi que ce soit et bientôt elle se leva pour baisser le store. Quand elle revint s'asseoir, elle me regarda. Je sus alors que j'aurais dû la rejoindre à la fenêtre. C'était une porte de sortie, mais je l'avais loupée, j'avais été trop lente à comprendre.

« Je ne suis jamais rentrée accompagnée. Ça ne m'a jamais traversé l'esprit et on ne me l'a jamais demandé. Ils le faisaient en cachette, loin de chez eux. »

Je continuai comme ça un temps, tout en faisant une découverte importante : je pouvais gagner du temps et parler en même temps. J'aurais sans doute pu continuer des heures sans jamais arriver à la porte de la maison d'Ingrid.

Mais je ne le fis pas, à la place j'en vins au fait et assez vite. Je lui racontai que j'étais assise sur le canapé, la tête d'Ingrid sur les genoux, et lui la prenait par-derrière.

Ce que je racontai me rattrapa. Au point de me désintéresser un peu de ce qui arrivait à Beth. À la place, je fixais le bas du store pas complètement baissé – là où il était censé toucher le rebord de la fenêtre.

Je remarquai, par hasard en réalité, qu'elle fixait un point au-dessus de mon épaule. Je n'avais jamais fait ça avant, mais je me levai et m'approchai de l'autre fenêtre, derrière moi. Je descendis le store.

C'était une invitation, j'en étais consciente, je suppose. Elle devait le savoir, elle aussi, mais elle la refusa, alors je restai debout et finis par me sentir ridicule. Je me sentais vulnérable comme ça et à ce moment-là elle se leva et s'approcha. Elle vint à côté de moi, sans me toucher d'abord, puis elle me prit la main.

Elle en avait peut-être assez entendu. Ou alors je m'étais perdue et embrouillée. Elle resta là, à me tenir la main, et si je cherchais une porte de sortie, elle se trouvait sous mon nez. J'avais fini par comprendre que si on voulait aller dans ce sens, je devais faire le premier pas. C'était nécessaire pour elle. C'était la seule chose qu'elle n'arrivait pas à faire.

Moi non plus d'ailleurs. Pas tout de suite. Pas avec ces derniers jours qui me rattrapaient. Et pas coincée en plein milieu de cette première fois avec Ingrid. C'est là que Beth m'avait laissée. C'est pour ça, j'imagine, que je libérai ma main et me dirigeai vers la porte, et c'est pour la même raison qu'elle ne me retint pas.

Je passai la porte et continuai à marcher. Je marchai jusqu'à la gare. L'idée, c'était de prendre ma voiture. Ce que je fis. Je ramassai un peu de cash en chemin, en levant deux types qui sortaient du bar pour rentrer chez eux. Juste des pipes. Cette fois, je l'avais cherché, je crois. J'y pensais depuis le vendredi précédent.

18

Je retournai bosser le lendemain. À mon boulot normal. Mais aussi à l'autre, je crois, et pendant un temps cela resta inoffensif. Je ne pouvais pas ramasser les types à leur descente du train et arriver chez Beth à l'heure, alors j'allai à la gare après nos rendez-vous. Pour ramasser les mecs qui sortaient du bar. Avec l'ivresse, certains devenaient plus faciles et plus généreux, d'autres plus mauvais. Impatient et impuissant : une combinaison que je rencontrais apparemment de plus en plus souvent, jusqu'à ce que moi aussi je devienne méchante, puis que ça m'excite.

Je m'en sortais bien. Ça faisait davantage sens. Et me permettait de penser à autre chose tout en étant assise en face de Beth à essayer de répondre à ses questions. Je me servais de cette distraction pour la tenir à distance. Je me convainquis même qu'elle n'avait rien remarqué. Ou que sinon, si comme moi elle avait noté un changement, elle y voyait un mieux.

L'argent aida, aussi. Même s'il me ramena à de vieux calculs. « Pourquoi je garde ce boulot à la con ? » Pour Beth, je suppose – plaquer ce boulot lui aurait donné une prise sur moi, une raison de s'inquiéter, une distraction. Je le gardais, j'imagine, à cause de ce qui était arrivé la dernière fois que je l'avais lâché.

Je continuai à le chercher, lui, le mari d'Ingrid. Il ne viendrait sans doute pas, je le savais. Je savais aussi que je ne le cherchais pas comme il aurait fallu. La perspective d'une rencontre ne m'angoissait pas et ne me faisait pas peur, au contraire, je la souhaitais. J'avais du mal à trouver une explication commode à ce désir ; il s'agissait de retrouver Ingrid, mais pas seulement. Ma relation avec elle avait été tellement investie par lui – donc si liée à lui – que quand elle s'était libérée de lui, même si cette séparation était purement théorique, il n'était pas resté grand-chose entre nous.

Je me disais, depuis le temps, ils ont trouvé quelqu'un d'autre. Quelqu'un qui habitait plus près de chez eux, ou plus loin. Ils allaient peut-être chez elle, ou à l'hôtel. Elle était peut-être plus jeune et plus facile, ou plus vieille et plus pro. J'avais encore beaucoup à apprendre rayon indifférence.

Je savais tout ça, mais je continuai à le chercher malgré tout. Or, c'était sur Burt que je tombais sans arrêt. En comparaison, c'était un poids plume. Quelqu'un de gérable et donc, je suppose, d'ennuyeux. Ce qui me tenait, là, c'était la drogue : la coke, une promesse d'héro, un Quaalude de temps en temps. Je ne pensais pas qu'il m'abusait, c'était inconcevable pour moi, alors je ne m'inquiétais pas plus que ça. Ça me permettait d'occuper mes fins de nuits. Quelqu'un que je n'étais pas obligée de me taper, donc si mon corps pouvait se reposer, il pouvait me niquer la tête autant qu'il voulait.

Beth aussi, apparemment. Tous les après-midi, comme le précédent, assises dans son cabinet, elle m'asticotait et je restais sur mes gardes. Ça dura des semaines, puis un jour elle dit : « Qu'est-ce que vous avez ? »

Le ton de sa voix, assez mordant, me fit me redresser un peu sur ma chaise. Je croisai mes jambes, puis les décroisai pour revenir à ma position initiale. Je regardai ma montre, en essayant d'être discrète. Les types que je ramassais d'ordinaire commençaient à quitter le bar à l'heure qu'il était.

« Vous préféreriez être ailleurs ? » demanda-t-elle.

Drôle de manière de présenter les choses, à mon sens, plus directe que ces derniers temps. « J'ai un travail de nuit », répondis-je, comme si elle ne savait pas ce que je voulais dire. Comme si elle était bête.

Elle ne parla pas tout de suite. Ne sembla guère surprise, un peu découragée peut-être. Par conséquent, je me mis à combler le vide.

« C'est pas comme avant, dis-je. Y'a pas de risques.

– Vous cherchez à vous faire arrêter ? C'est ça que vous voulez ?

– Ça ne me serait jamais arrivé s'il ne m'avait pas piégée. Ils se fichent de savoir ce qui se passe là-bas. »

On ne creusa pas beaucoup plus. Elle me laissa partir un peu après, mais je n'allai pas à la gare. Je me disais qu'il était trop tard pour trouver de quoi m'occuper.

À la place, je roulai sans but. Je me retrouvai à passer plusieurs fois devant l'allée menant à la maison d'Ingrid. Je la remontai même un peu en direction de la maison. Je cherchai de la lumière, mais je savais que je n'entrerais pas. J'ignorais qui habitait là, à présent. C'était impossible à dire car rien n'avait changé. Je rentrai chez moi en pensant à ça.

Deux soirs plus tard, j'étais en train de retourner au parking. Je venais de me faire un mec, je sortais de sa voiture à lui quand j'ai vu la sienne – celle de Beth – arrêtée à un feu qui était déjà passé au vert. Elle regardait dans ma direction, mais me regardait-elle ? Impossible à savoir. Je réussis presque à me convaincre que ce n'était pas elle. Que je ne pouvais pas le parier.

Le lendemain après-midi, je sus que si. Elle n'en parla pas mais me regardait différemment. Comme si ce qu'elle n'avait pas voulu croire, ou pas entièrement, s'avérait soudain vrai et la rendait dingue. C'est ce que je pensais au départ, jusqu'à ce qu'elle dise : « Allons faire un tour. »

Comme on n'avait jamais fait ça, en montant dans sa voiture je me demandai ce qu'elle attendait de moi. Étais-je censée poser ma tête sur ses genoux ? C'était ça qu'elle voulait ? Ou voulait-elle juste m'empêcher de monter dans la voiture de quelqu'un d'autre ?

Elle conduisit pendant un moment, puis s'engagea dans une longue allée, pavée au départ, puis en terre. À un moment, il y avait un tournant. Si on continuait, on serait visibles, alors elle se gara sur l'herbe. Elle arrêta le moteur, je savais qu'elle voulait quelque chose, mais elle ne disait pas quoi. Elle me prit la main et commença à parler, pour me dire qu'elle s'inquiétait pour moi et ce que je faisais, pourquoi je faisais ça ?

Je ne pouvais pas répondre. Je savais quoi dire, c'était pas ça, c'était à cause de son comportement. De la pression de ses mains sur les miennes, de son regard et du ton de sa voix, désespéré. Je voulais quitter son emprise, sortir de sa voiture, mais je me retrouverais plantée là au milieu du champ de quelqu'un, et par ailleurs je me disais que ça ne résoudrait rien.

Je savais que Beth ne partirait pas. J'essayai de me rappeler s'il m'était déjà arrivé de vouloir m'éloigner d'elle. Si ça s'était déjà produit, ce sentiment je veux dire, précisément celui-là.

Alors, comme je ne voyais pas d'autre choix, je restai assise. J'espérais juste, si seulement j'arrivais à rester dans la voiture, que la situation ne nous échappe pas.

J'attendis, sans un mot. Ça la dérangea, l'ébranla un peu plus. On serait peut-être restées comme ça éternellement si un type ne s'était pas approché à travers champs. Il avait tout du péquenaud voulant protéger sa terre, il manquait juste le fusil. Je dus y regarder à deux fois pour m'en convaincre.

Il exigea qu'on quitte sa propriété. Beth, très troublée, tenta de lui expliquer qui elle était et la raison de notre présence, sauf qu'on aurait dit qu'elle n'en avait pas la moindre idée, et lui n'était pas du tout disposé à l'écouter. Il lui dit qu'il savait exactement qui elle était et ce que nous étions en train de faire, et qu'il ne voulait pas de ça chez lui.

Je souris. C'était plus fort que moi, ses insinuations étaient tellement évidentes, que les choses soient formulées me soulagea. Et puis j'étais en colère contre elle et pris un malin plaisir à la voir s'embrouiller et à entendre ce parfait inconnu dire tout haut ce à quoi elle et moi jouions depuis des mois.

Que lui restait-il à faire sinon démarrer la voiture ? Elle ne prononça pas un mot sur le chemin du retour et moi non plus bien sûr, cet incident ne fut jamais évoqué – ça s'était passé entre nous mais nous n'en parlerions jamais. Et ce n'était pas la première fois.

19

Ça ne l'empêcha pas de m'emmener faire des balades en voiture pour autant, sauf qu'elle choisissait mieux ses destinations. Étant donné que les lieux publics, les jardins, les champs ou les allées privatives étaient éliminés d'office, elle m'amena chez elle. Je ne me souviens plus pourquoi, quelle raison elle avait invoquée, mais il me semble qu'elle devait récupérer un truc à rapporter à son cabinet.

J'entrai avec elle. Je longeai les murs, d'une pièce à l'autre, sans savoir ni où me poser ni s'il fallait la suivre ou pas. La situation était très insolite, même pour nous, et je ne savais pas comment me comporter, je ne connaissais pas les codes. Mais quand même, quand elle monta à l'étage, je la suivis, et de là on alla dans la chambre.

Je fis quelques pas. Touchai quelques objets sur le bureau. Regardai les photos. Comme j'étais là sans être vraiment invitée, je me sentais un peu responsable.

Assez vite, toutefois, elle me dit qu'il valait mieux qu'on parte. J'ignorais ce qu'elle avait fait ou fait semblant de faire. Je veux dire que ce n'était pas comme si elle avait trouvé ce qu'elle cherchait et voulait partir. Elle paraissait pressée et ailleurs, comme la veille – embrouillée –, et cela me donna de l'assurance. Ça la rendait moins difficile à approcher. Alors c'est moi qui traînai. Qui voulais rester. Ou du moins, c'est l'attitude que j'adoptai.

Je me tenais près du bureau, elle s'avança derrière moi, puis vint à mes côtés. Elle prit juste ma main, ça, elle l'avait déjà fait assez souvent. C'est moi qui l'embrassai. Je finis par embrasser ses lèvres, et sa façon de s'abandonner à moi, sa bouche si molle et si offerte, le fait qu'apparemment ça la calmait, tout cela me décontenança.

Je m'étais attendue à ce qu'elle m'arrête, j'imagine. Quelque part, je m'en étais convaincue, je crois : c'était ainsi qu'elle agirait. Mais non. En plus, on n'était pas n'importe où. Je veux dire, imaginez la scène.

Depuis des mois je souhaitais désespérément et confusément qu'elle ne m'arrête pas. C'est cette peur – je redoutais tellement un refus de sa part, quelle que soit la manière – qui m'avait retenue, j'en étais sûre et certaine.

Mais elle me laissa faire – et je ne suis pas sûre de savoir ce que je ressentis. Ce qui était clair, c'est qu'elle avait pris le relais. La nervosité qu'elle avait montrée juste avant avait disparu, et à présent c'était moi qui m'abandonnais.

Je laissai pendre ma lèvre inférieure et sentis sa langue dans ma bouche plutôt que le contraire. Quelque chose se mit à grandir dans le creux entre mes côtes, quelque chose d'instable et de tremblant qui me fit perdre mes esprits. Puis je sentis sa main, sur mon chemisier d'abord, puis en dessous. Cette caresse ne fit rien pour me calmer.

Je voulais juste l'embrasser, rester comme ça et l'embrasser beaucoup plus longtemps, mais avec sa main sous ma chemise, il était déjà trop tard pour désirer quelque chose d'aussi simple.

Elle laissa sa main sur ma poitrine, entre mes seins, pas vraiment dessus. Je pensais encore, je crois, que c'était pour me repousser. Mais ensuite, je sentis son autre main sur mon ventre et ma respiration devint difficile. Je dus décoller ma bouche de la sienne, mais je sentais toujours son contact, je sentais tout avec un temps de retard sur elle mais j'étais incapable de la rattraper.

Je m'appuyai contre elle, posai ma tête de manière à ne pas voir son visage. Elle déboutonnait mon chemisier, une main toujours dessous. Ensuite elle l'ouvrit, embrassa mes épaules et puis mes seins. Pour ça elle se baissa un peu, n'ayant plus rien pour me tenir, je me sentis délaissée.

Elle avait les mains dans mon pantalon. Je sentais le dos de ses mains contre moi, ses doigts dans ma culotte, sa bouche sur mon ventre. Elle était agenouillée devant moi et je chancelai, tremblante, me retenant à ses épaules.

Elle se pencha en arrière pour déboutonner mon pantalon. Et tout en le faisant, elle dit des choses dont je ne me souviens pas vraiment et que je ne croyais pas. Elle parlait de son amour et de son désir pour moi, disait avoir espéré ce moment si violemment et depuis si longtemps. En entendant ses paroles, je me reculai et sentis le coin du lit entre mes genoux, je sus alors que je pouvais me laisser tomber. Mais je ne le fis pas immédiatement. Elle m'embrassait sur le ventre. Je voulais qu'elle me soutienne, mais à la place, elle me poussait, les mains sur mes hanches, alors je basculai assise sur le lit. Je la lâchai puis la laissai faire.

Elle m'enleva chaussures et chaussettes, pantalon et sous-vêtements. J'avais encore mon chemisier, je tirai dessus pour me couvrir. Mais du coup, il m'était difficile de me redresser, or j'avais l'impression de devoir rester assise. Je me disais qu'il fallait que je garde un œil sur elle, mais tout l'empêchait. Le poids de tout ça en tout cas. Alors impossible de me tenir droite très longtemps, me laisser aller en arrière paraissait tellement plus facile.

Ça l'était effectivement, et une fois allongée je remarquai qu'elle était en train de se déshabiller. Étendue sur le dos, je pouvais oublier, sauf la sensation de sa bouche sur moi et ses mains, d'abord toujours posées sur mes cuisses, puis ses bras enroulés autour de mes mollets. Son poids sur mes jambes décupla toutes mes sensations. Et je la sentis davantage, elle aussi. Je ne m'étais jamais sentie aussi bien, peut-être. Au point que ça m'était insupportable et que j'étais incapable de l'arrêter, ou de jouir.

Elle s'en rendait compte, je crois, parce qu'elle me disait tout le temps laisse-toi aller. À la place, je me dégageai. Rampant à quatre pattes, je me retrouvai à genoux, dos à elle. Elle était sur le lit derrière moi et fit glisser mon chemisier sur mes épaules. Elle m'embrassa là, puis dans le cou, tout en parlant à voix basse, j'adorais sa façon de murmurer, j'en voulais encore, mais ça ne m'inspirait pas confiance, alors, malgré mon désir de m'y abandonner, je résistais.

Elle continua de me parler doucement, un bras autour de moi, l'autre naviguant de mon ventre à ma poitrine puis plus bas avant de remonter vers ma gorge, c'est ça qui m'aida à me relever, qui m'aida. Sa main, pas ce qu'elle disait.

Sa bouche était si près de mon oreille que j'entendais chaque mot sans arriver à en retenir aucun. Les choses qu'elle disait m'inquiétaient plus que tout, me faisaient peur plus que le reste. Ça me faisait peur pour elle.

Je ne lâchai pas mon chemisier. Je gardai les coudes fléchis pour l'empêcher de me l'enlever complètement. Sauf qu'à présent je laissais partir mes bras en arrière parce que j'avais besoin qu'on passe à l'étape suivante. J'en avais besoin parce que je croyais qu'ainsi elle arrêterait de parler comme ça.

Une fois qu'elle m'eut ôté mon chemisier, je ne portais plus rien et elle non plus, on s'allongea ensemble, pour cette raison sans doute. J'étais couchée sur le ventre, elle était derrière moi, une main en moi, l'autre autour de ma taille. Je ne pouvais rien faire sinon gémir et faire comme elle voulait, c'est-à-dire remonter un peu plus une jambe sous moi.

Sa main en moi me poussa presque à la supplier. Ça me rendait dingue comme jamais, ou alors j'arrivais à peine à m'en souvenir. J'étais transportée quelque part, avalée, puis je revenais pour ne plus remonter ensuite. Je restai en bas, avec elle, et à ce moment-là, elle sortit sa main et me l'enfonça dans le cul, je me remis à la supplier. Pour de vrai et à haute voix. Je suppliai pour qu'elle m'en donne plus. Ça venait d'un endroit en moi que je sentais récent, contrairement à ancien, mais encore très jeune.

Je l'implorais et elle n'arrêtait pas de me dire, laisse-toi faire. Elle répétait : « Chérie, laisse-toi faire. »

Et ses mots m'attachèrent à sa voix, au son de sa voix, si doux et si convaincant. Si sûr de ce qui me ferait me sentir mieux. Que le chemin pour y arriver passait par une capitulation de ma part, devant elle et ce qu'elle disait.

À présent, j'arrivais à l'écouter car ses mots disaient ce qu'elle voulait de moi, ce qu'elle voulait que je fasse, et pas ce qu'elle ressentait, alors je pouvais être avec elle. Être si proche d'elle qu'elle devint ce que je voulais le plus qu'elle soit. Elle le resta un petit moment. Jusqu'à ce que je fasse ce qu'elle me disait, et jouisse.

Après ça, je basculai si rapidement dans ma tête que je crus sombrer pour toujours. La rage monta en moi et me submergea avec une fureur et une douleur telles que j'eus peur de m'en prendre à elle. Mais au lieu de la laisser m'envahir, je la ravalai. Et avant de le comprendre, j'avais commencé à m'occuper d'elle.

Je fus vite prise dans le truc, car tout le reste se refit sentir aussi. La première sensation, et la plus importante, c'était l'excitation, elle seule pouvait étouffer toutes les autres. Ou les tolérer. Elle m'autorisait à sentir des trucs qui autrement me donnaient un sentiment de danger.

Mais ensuite, tout ça aussi c'était fini. Elle paraissait si paisible dans mes bras, moi je tombais en morceaux en souhaitant si fort qu'elle s'en rende compte, mais non, j'étais toute seule dans ma tête, où il ne se passait rien de bon.

Tout ça paraissait familier et étrange. Ça ressemblait un peu à ma manière de m'y prendre avec les hommes, mais d'un autre côté, ça n'avait rien à voir parce que les hommes ne m'attiraient pas ce type de problème, les femmes, si. Pas toutes d'ailleurs, et jamais aucune autant que celle-ci, Beth.

Ingrid avait commencé, elle s'en était approchée au plus près. Elle m'avait montré qui j'étais, et vers quoi j'allais. Avec elle, il était devenu évident que je ne pouvais pas continuer comme avant. Que même en essayant très fort, je ne pourrais pas garder les choses en moi à la place que je voulais leur attribuer. Que ce n'était qu'une question de temps, d'endroit peut-être, avant que je perde le contrôle.

Jusqu'à Ingrid, je n'avais rien ressenti pendant si longtemps. J'y avais veillé. Je me l'étais promis. On pouvait trouver que ma vie c'était n'importe quoi, et en partie c'était vrai, mais je prenais soin que cette facette-là soit très bien rangée. Et même avec Ingrid, j'avais apparemment été en mesure de me maîtriser.

Mais pas avec Beth. Depuis le premier jour où j'avais posé les yeux sur elle, je m'étais battue contre moi-même, et ensuite j'avais simplement fait semblant. En ne voyant mon sentiment pour elle que sous un seul angle. J'avais essayé de faire comme s'il ne s'agissait que de sexe, or c'est bien ça qui m'avait menée là. Qui m'avait conduite dans son lit où soudain les sensations avaient supplanté tout le reste, jusqu'à ce que même les sentiments débordent et s'enchevêtrent, impossibles à distinguer ou à arrêter et sans espoir de guérison.

C'était de ces sentiments-là qu'était née au départ la nécessité de ne plus rien sentir du tout – de bloquer tous sentiments. Ou du moins de les atténuer, de les amortir. De trouver des tas de moyens de les contourner, de ne jamais les autoriser. D'éviter d'aimer surtout, et aussi d'être aimée, car entre tous c'étaient les deux seuls à pouvoir réellement te tuer.

Toutes ces pensées se bousculaient dans ma tête tandis que Beth dormait dans mes bras. Cela provoqua en moi une certaine panique, une envie de fuir. Assez pour que je me lève, enfile mon chemisier et mon pantalon et cherche mes clopes, qui étaient prises dans les draps, près de ses pieds. J'eus envie de la réveiller, de la secouer pour qu'elle ouvre les yeux, et je fouillai le lit avec plus d'énergie que nécessaire, mais elle dormait trop profondément pour s'en rendre compte.

Comme je comprenais très bien cette forme de sommeil et l'impossibilité de l'interrompre, je descendis au salon, me pelotonnai à l'extrémité la plus éloignée du canapé et fumai, en me demandant quel jour on était et ce que j'étais censée faire. Jusqu'au moment où elle descendit l'escalier avec mes chaussures dans les mains.

Elle me les tendit et je les enfilai – sans qu'un seul mot soit échangé entre nous. Et on ne dit rien non plus en mettant nos manteaux ni durant tout le trajet dans sa voiture. Pas un mot non plus quand elle me déposa devant la mienne.

20

Quand je me glissai dans mon lit il faisait encore nuit, et à ce moment-là je savais quel jour on était et que j'allais appeler pour me faire porter malade. Et j'étais effectivement malade, je suppose – et l'ombre d'un long week-end planait.

Je passai la journée au lit à soigner une solitude trop vaste pour être ignorée. Une langueur d'amour qui ne me quittait pas. J'étais dans cet état d'esprit là quand je l'appelai, je n'avais pas les idées très claires.

Lorsqu'elle décrocha, elle était méfiante, je dus insister et la cajoler. Du coup je me sentis encore plus mal, plus fautive. Elle accepta de me voir, pas le jour même, mais le lendemain – dimanche – à son cabinet.

Quand je raccrochai, le début de la soirée pointait, il faisait nuit dehors et je me dis qu'au moins le plus dur de la journée était passé. Vague et fugace, l'idée l'aller au parking m'effleura.

Je n'en fis rien, la perspective de la voir le lendemain m'aidait à tenir, tout en me faisant comprendre que j'étais en mille morceaux. Que ce qui me faisait rester à la maison n'était pas la tranquillité d'esprit, mais l'impression d'être tellement démolie que je risquais d'être en danger dehors, ou de me mettre en danger.

Ça ne m'arrivait pas souvent, et même là, je ne me l'avouai que superficiellement. Sur un plan purement pratique, sans chercher plus loin ni comprendre vraiment. Néanmoins, ça me protégea – de rester à la maison ce soir-là –, mais sans provoquer un changement durable ni même l'amorcer.

Il n'y avait rien à la maison, sauf de l'alcool, et cette situation me poussa presque à sortir. Réaliser que je ne connaissais personne capable de me procurer mieux, ça m'arrêta. Et me fit comprendre que si je devais rester avec Beth, il fallait que ça change.

La tournure des événements me rappela que rien n'était nouveau dans tout ça. Mais le fait d'en situer l'origine – de placer là mes origines – me fatigua tellement que je pris un grand verre et me mis à boire. Je continuai jusqu'à trouver un refuge en moi où rien ne pouvait s'immiscer, même si juste avant de m'endormir je pensai à la voix endormie de Beth, ce qui me dérangea avant de finir par me calmer.

Le lendemain matin, j'avais tellement mal à la tête que je n'arrivais pas à la soulever, mais ce n'était pas l'alcool. Boire ne me faisait jamais cet effet-là. Je me forçai à me lever et à exécuter les rituels du matin, même s'il était déjà midi passé.

J'avais le temps de me remettre d'aplomb avant de la voir. Je frissonnai un peu en repensant au coup de téléphone. À présent, aller la retrouver paraissait être une très mauvaise idée, mais c'était irrésistible.

Je m'habillai, puis enfilai mon manteau. Je remarquai que c'était celui qu'elle m'avait prêté, ou donné, ce qui ne m'aida pas du tout. Je me mis en route, à pied, déjà furieuse et coupable.

Elle était arrivée avant moi, alors je traversai la salle d'attente et pénétrai dans son cabinet. Ça faisait bizarre de revenir ici. La pièce paraissait trop petite pour nous contenir toutes les deux, et je ne sais pas si elle remarquait quelque chose car elle était simplement assise là, comme si je l'avais fait attendre. Comme si j'étais en retard, mais je savais que non.

Incapable de m'asseoir, je fis pareil qu'en semaine, sauf que ça parut pire, parce que la priorité consistait à ne pas la regarder. D'une certaine manière, la pression avait redoublé. Je marchais à pas de loup, littéralement. Je me glissai sur la chaise d'une façon très animale.

Son corps se détendit un peu lorsque je m'assis. Je le sentis plus que je ne le vis. Je remarquai qu'elle avait décroisé les jambes, les écartant légèrement. Mais prendre conscience de ce que je regardais me fit croiser son regard.

Comme moi, elle paraissait méfiante tout en s'abandonnant à une confiance infondée. Ou peut-être étais-je la seule dans ce cas. Quoi qu'il en soit, j'étais incapable de tenir mon corps plus longtemps. Celui-ci s'enfonça sur la chaise, très mou, lourd, agréablement. J'inclinai ma tête contre le dossier, fermai les yeux et l'entendis venir vers moi.

Je gardai les yeux fermés, ça me paraissait le meilleur moyen de maîtriser la situation. Elle s'agenouilla devant moi, avait déjà posé ses bras autour de moi et sa tête contre ma poitrine, puis contre mon ventre. Elle s'accrochait à moi, en quelque sorte, et je ne savais pas quoi faire. En retour.

J'avais eu les mains sur les cuisses, mais à présent je posais la droite, qui semblait la plus facile à soulever, sur son cou. Je lui frottai un peu la nuque sans pouvoir m'empêcher de penser que la situation aurait dû être inversée. C'était moi qui aurais dû être à ses genoux. Mais on n'était pas placées comme ça.

Bientôt, je reconnus de nouveau dans ma poitrine le désir panique de fuir et je n'arrivais pas à croire qu'elle ne le percevait pas. Mais peut-être que si, puisqu'elle commença à me frotter la cuisse d'une main, ce qui me facilita les choses.

J'ouvris un peu plus les jambes, j'avais tellement envie de l'attirer entre mes bras et mes jambes, de la serrer de tout mon corps, mais ce genre d'actions me dépassait, manifestement.

À la place, je partais de plus en plus en arrière, de plus en plus molle et paresseuse. La laissant tout faire. Elle avait déboutonné mon chemisier et mon pantalon, elle l'avait fait si lentement que je ne savais pas exactement quand ça s'était passé. Je savais juste que maintenant ses mains étaient sur ma peau, et sa bouche aussi.

Avec des gestes toujours très lents, elle fit doucement glisser mon pantalon mais me laissa ma culotte. Elle me touchait si délicatement, rien que ça, ça me tuait, pensai-je.

J'étais très calme à présent. Ma respiration s'était beaucoup ralentie. Seuls les endroits de mon corps qu'elle touchait était réveillés. À partir de là, je n'avais plus qu'une seule préoccupation, me mettre à l'aise. J'ôtai mes chaussures d'un mouvement de pied et retirai mon pantalon et ma culotte. J'étais contente de ne pas avoir mis de chaussettes, une fois mes jambes enroulées autour d'elle, le soyeux de son caraco contre mes pieds me plut particulièrement.

Cette sensation m'absorba un court instant, mais ensuite sa bouche me chavira et j'empoignai ses mains d'abord puis ses bras, la tirant en moi et moi en elle.

J'étais partie dans cet endroit où rien ne comptait sauf elle et les sensations qu'elle me procurait. Cette impression me frappa si fort que j'eus envie d'être soutenue par autre chose qu'une simple chaise. Je voulais peut-être glisser au sol, mais c'était trop de mouvements. Ça aurait peut-être gâché quelque chose alors je ne bougeai pas, réalisant que peut-être, ce que je voulais, c'était ramper pour m'éloigner d'elle encore une fois.

À la place, je la serrai encore plus fort, la tenant fermement entre mes jambes et mes mains. La force de mon étreinte m'aida d'un point de vue purement physique. Le tremblement logé dans ma poitrine se propagea au reste de mon corps et me permit de rester avec elle. De rester avec ce qu'elle était en train de me faire, ce qui éveilla en moi des sentiments pour elle à peine supportables, avant de me faire jouir.

De là, on se retrouva par terre. Et moi, je me sentais écrasée par ce même fouillis de pensées enchevêtrées – ce même amour trop fort qui l'instant d'après se transforma en fureur. Je ne la déshabillai pas, je me contentai de baisser sa culotte et de remonter son caraco. Le minimum pour enfoncer ma main en elle.

Elle gémit lorsque je la baisai. C'était si rapide et si brutal, je lui rendais la pareille. J'eus peur de lui faire mal, au fond.

Mais ensuite, elle s'accrochait à moi et m'embrassait tout en me disant ces trucs-là que je ne pouvais pas entendre. Je me surpris à attraper mon pantalon et à l'enfiler. C'était pour moi une façon de pouvoir rester près d'elle et d'entendre.

Une fois habillée, je me retrouvai à la déshabiller, sa jupe d'abord, puis son caraco. Il fallait que je continue de m'occuper pour pouvoir écouter.

Elle parlait encore. Ça semblait provenir d'un endroit irréel en elle que je ne connaissais pas et qui, pour cette raison, me faisait flipper. Je caressai son corps. Son ventre et ses cuisses, sa gorge. J'embrassai ses épaules et ses seins.

J'avais été incapable d'accomplir ces gestes-là l'autre nuit. Ça lui avait manqué, peut-être, puisqu'elle s'arrêta de parler. Je l'entendais juste respirer. Sa respiration se fit plus basse, je la touchai plus bas. Elle murmura quelque chose et ma main resta douce. J'approchai mon visage du sien, je me surpris à vouloir savoir ce qu'elle avait dit.

Elle ne le répéta pas, pourtant, et ma bouche était si près de la sienne, j'approchai ma main. Je fis courir mes doigts sur ses lèvres, et lorsqu'elle ouvrit la bouche, je l'embrassai. C'est là que je me perdis à nouveau. Mon attention s'était relâchée. J'avais roulé un peu sur le côté et elle était venue sur moi, du coup je voulais retrouver mon équilibre.

Je déplaçai mon poids pour qu'on revienne à la position précédente. Je luttai pour avoir des gestes lents. Je fis descendre ma main sur son corps en décollant ma bouche. Elle émit ces sons. Des petits cris étouffés dans sa gorge, qui s'amplifiaient ensuite, à ce moment-là elle était partie dans un endroit dont elle ne revint pas.

Je ne pouvais pas l'attendre. La pièce était trop petite et elle me serrait fort, ça m'embrouillait. Je m'écartai. J'enfilai mes chaussures et la laissai là. Allongée par terre.

Une fois dehors, je ne pris pas le même chemin qu'à l'aller. Je marchai dans la direction contraire, qui ne m'amena nulle part mais loin de chez moi. Ce début de soirée, j'arpentai les rues de cette ville où il ne se passait jamais rien. Je longeai un bon bout de temps la rue principale, avant de faire demi-tour et de me diriger vers chez moi, ce qui impliquait de passer devant son cabinet.

Je m'étais promis de ne pas regarder s'il y avait de la lumière, ou sa voiture, mais évidemment je regardai. Je vis sa voiture mais pas de lumière. Comme l'autre nuit. Je me dis, et si je l'avais tuée ?

Je ne savais pas d'où me venait cette pensée, en la chassant la fatigue me submergea. J'aperçus avec soulagement l'enseigne en néon de la pharmacie qui annonçait que j'étais arrivée chez moi.

Je montai les escaliers, mes jambes étaient si lourdes que j'éprouvai une forte envie de me baisser pour les soulever.

Je savais que c'était dimanche, j'étais parfaitement consciente de cet état de fait, au point que c'était douloureux. Il était encore relativement tôt, mais je ne voyais pas comment je pourrais dormir suffisamment. Ni rattraper un jour le sommeil qui me manquait. Apparemment, elle m'avait volé le sommeil. Ou alors elle m'avait fait comprendre qu'il m'avait toujours manqué.

21

J'allai travailler le lendemain car en fin de compte, visiblement, mes pas ne me menaient jamais à plus d'un ou deux endroits différents. Je supportai la journée en me disant que d'une part le lendemain était mon jour de congé, et que d'autre part je ferais sauter la séance chez Beth.

Pourtant, vers trois heures, je pris ma pause de l'après-midi au bar. Je fis le plein et m'attendis donc à ne pas tenir la promesse faite à moi-même – une de plus – de ne pas voir Beth.

J'avais écarté l'idée de prendre ma voiture. Je ne me faisais pas confiance avec la grosse artillerie, j'imagine. En tout cas, je l'avais laissée devant chez moi, alors après le travail, c'est à pied que je me mis en route, vers son cabinet, par conséquent j'étais en retard.

Elle était dans la salle d'attente. En train de poireauter. En fait, elle faisait les cent pas. Une fois dans son bureau, c'est moi qui me mis à marcher de long en large, pas longtemps, bizarrement. Elle me semblait bizarre elle aussi, sa manière de se comporter.

Elle me posa des questions, les mêmes qu'avant. Je fus frappée par le temps depuis lequel je n'avais pas entendu sa voix – dans son rôle officiel, je veux dire. Excepté au téléphone samedi. Sinon, elle n'avait parlé que de cette façon incompréhensible pour moi tellement ça venait de loin en elle.

Je me rendis rapidement compte que cette voix-ci – celle de tous les jours – n'avait pas plus de sens pour moi. Elle était trop fluette. Elle ne donnait pas de prise. Des phrases entières me passèrent au-dessus de la tête, et je ne répondis à aucune de ses questions, sans le faire exprès au début.

Assez vite pourtant, quand je compris son manège – son intention de continuer comme s'il ne s'était rien passé la veille, ni l'autre nuit non plus –, je ressentis du dégoût, associé à une sorte d'obstination. Et alors que la fureur, l'incrédulité et l'impatience grandissaient en moi, j'étais incapable de la contredire – c'était son atout. Elle devint désagréable, soit parce qu'elle s'en rendait compte, soit à cause de mon comportement.

Petit à petit elle se mit à me railler, à se moquer de ce silence qui était devenu ma seule arme. Si vous ne parlez pas, vous ne pouvez pas me dire ce que j'ignore. Mais je réalisai rapidement que ce n'était pas une question de principe. Pas pour moi. J'étais frustrée de ne pas obtenir l'assouvissement que j'étais venue chercher, prétexter autre chose relevait du pur mensonge et de la complaisance.

C'est vrai, j'avais supposé qu'on continuerait. Qu'on ne ferait rien d'autre. Alors maintenant, elle essayait de faire machine arrière ? Je n'en voulais pas. Je la détestais pour ça, mais je haïssais encore plus le fait de la désirer malgré tout.

Partir, c'était la seule solution. Je pensai que peut-être elle me suivrait ou m'arrêterait. Qu'ensuite on se retrouverait où je voulais être. Elle ne fit ni l'un ni l'autre.

Je serais bien allée au parking, mais je ne me sentais pas habillée pour, ou pas le courage. Je rentrai simplement chez moi et, une fois arrivée, je bus et bus encore jusqu'à ce que le téléphone sonne, et même si je savais que c'était elle, je fus quand même surprise.

Elle dit vouloir simplement s'assurer que ça allait, et je répondis, bien sûr ça va. Je lui dis ça sur un ton maussade et fâché comme si je voulais qu'elle raccroche, mais n'en faites rien, s'il vous plaît. Elle resta longtemps au téléphone avec moi, et il devint vite évident que se serait ça, le pont. Le lieu où on parlerait à mots couverts et de façon détournée. Le moyen pour elle de m'embobiner de nouveau, et pour moi de la laisser faire.

Même sa voix se situait quelque part dans cet entre-deux, et elle se joua de moi, puis joua avec moi, jusqu'à ce que je joue avec mon corps et qu'elle entende que j'étais proche de la jouissance. Et j'entendais des choses de son côté, similaires peut-être – des altérations dans sa respiration, juste sa respiration. Des halètements.

Ça me plaisait trop. Je voyais déjà ce que ça me faisait. Quelles que soient les apparences, ou la situation, la personne à genoux, ce serait toujours moi.

Néanmoins, pendant un instant je pus avoir l'illusion que c'était elle qui était venue me chercher en rampant.

Voir les choses sous cet angle me permit de passer la nuit et le début de la journée suivante, qui était mon jour de congé. D'une certaine manière, notre petit jeu au téléphone m'avait fatiguée plus que tout le reste jusqu'ici. Cette langueur particulière me rendit réticente à entreprendre quoi que ce soit. Je bricolai dans mon appartement. Tuai le temps. Tuai la journée jusqu'à ce qu'il soit l'heure d'aller à son cabinet.

Je m'étais attendue, je suppose, à ce qu'après ce coup de téléphone on se retrouve de nouveau l'une à côté de l'autre, proches. Mais ça ne se passa pas comme ça. Elle garda ses distances et ça m'énerva. Ça m'énerva spécialement quand elle suggéra que le mardi au moins, quand je ne travaillais pas, je vienne plus tôt. « Pendant mes heures de travail habituelles » – telle avait été son expression.

Ça me rendit malade et furieuse mais je ne dis rien, mon silence valant acceptation, et par conséquent elle avait repris le dessus. Je ne dis pas grand-chose de toute la séance. Elle paraissait si soulagée d'avoir soulevé ce point et gagné qu'elle ne tenta même pas de m'atteindre. On se supporta, je suppose, puis je partis.

Ce déséquilibre précaire se fit sentir tout le reste de la semaine, j'étais lessivée et j'avais mal partout. Désespoir était, je crois, le mot qui convenait à cet état qui entravait les tâches quotidiennes, comme marcher ou manger. Mais le vendredi tout bascula de nouveau, subitement. Elle changea. Ou moi peut-être, incapable que j'étais de tenir ma pose plus longtemps. Mon visage trahissait peut-être ma peine, ou peut-être en avait-il été ainsi tout le long de la semaine, mais ça ne la touchait que maintenant.

Mon regard se perdait derrière ses épaules, comme les jours précédents, lorsqu'un petit geste de sa part attira mon attention. Elle me tendait la main, et je fus lente, manquant de pratique, mais je la pris.

La position n'était pas des plus confortables pour nous deux, écartelées entre les deux chaises. En fait, elles paraissaient plus éloignées l'une de l'autre qu'avant. On était toujours engagées dans une lutte de volonté. Je compris que cette fois-ci, c'était à moi d'aller vers elle, je le voulais et en même temps j'en étais incapable.

Je tenais beaucoup à nous simplifier les choses, mais je

n'arrivais pas à bouger. Ce n'était pas de l'entêtement ni rien de ce genre, mais un engourdissement. Une langueur dont je n'arrivais pas à m'extirper, donc je ne lui extirpai rien non plus. Ça tenait plus de la supplication, mais sans paroles.

Je crois que toutes les choses importantes entre nous se passaient de cette manière – silencieusement, ou au moins en l'absence de mots. De nouveau je me retrouvai sans voix, et ça paraissait presque normal. Comme une chose à laquelle j'étais habituée, voire la plus habituelle de toutes.

Elle parut incapable d'attendre plus longtemps. Elle me tira par la main pour que je me lève, et je tombai contre elle avec cette même torpeur. Je fus tout juste en mesure de m'appuyer contre elle, rien d'autre.

Elle m'étreignait sans serrer. Elle me caressa la nuque, et grâce à ses doigts dans mes cheveux je pus poser ma tête sur son épaule. Elle m'embrassa dans le cou et murmura de cette manière si particulière, douce et gentille. Et si elle prononçait des mots, je ne percevais que des sons.

Elle continua ainsi, et je fus submergée par une envie forte, celle de pleurer. De finalement m'abandonner à ça, apparemment j'en avais besoin depuis très longtemps. Mais le fait d'ignorer la raison de mes pleurs m'arrêta. Cette envie si forte et sans fondement me laissa perplexe. J'étais troublée au point de vouloir m'écarter d'elle. Et la blâmer d'avoir déclenché cette sensation si perturbante et dévastatrice. Je pensais qu'en m'éloignant d'elle, peut-être, ça cesserait.

J'avais dû faire un petit mouvement dans ce sens, car elle me serra plus fort, adoptant une fermeté assurée qu'elle réservait apparemment à mes moments de doute. Je ne pouvais pas m'empêcher de désirer entendre des mots réels me disant que tout allait bien. Mais je reconnus qu'il était trop tôt pour ça.

Je me concentrai très fort sur ses mains – où elles étaient et ce qu'elles faisaient –, parce que sinon rester debout m'était impossible. Maintenant qu'elle allait dans le sens que j'avais désiré, j'avais besoin de trucs qui me permettraient de rester dans cet état. Douce, gentille, flottante. Je désirais à présent revenir en arrière. Et il lui était arrivé de le vouloir aussi, mais apparemment, ça ne nous arrivait jamais en même temps.

Pourtant, la tournure que prenait la situation n'était pas explicite. Ce ne serait plus jamais simplement du contact et du réconfort. Mais le reconnaître revenait à avouer que ça n'avait jamais été le cas – insouciant, candide, et grandissant aveuglément quelque part.

Mon plus gros problème, c'était en partie de savoir qu'on l'avait su. Qu'elle avait su. Impossible de garder ça à l'esprit sans avoir la nausée ou les jambes coupées. Le fait de le savoir depuis si longtemps, mon estomac chavira et ma tête aussi, je plongeai dans un de ces états de stupeur débordants.

Je savais ce qui se passait pour elle dans ces moments-là, et elle les guettait. Toutefois, repousser cette certitude exigea de l'énergie, ce qu'il m'en restait, je crois, parce qu'elle, je ne pus la repousser plus longtemps – si tant est que je l'eusse jamais voulu ou pu.

Elle avait glissé ses deux mains sous mon chemisier, me caressait le dos, et je me retrouvai à ouvrir la fermeture éclair de sa robe. À partir de là, je devins presque agressive. Apparemment, elle me voulait comme ça, je lui plaisais comme ça, ce qui ne fait rien, jamais, pour me calmer.

Je l'entraînai par terre et lui ôtai sa robe et tout le reste. Ensuite je la baisai. Ça me tira de mon hébétement et vers une sorte de maîtrise où le seul but était de me porter secours à moi-même. Ce n'était pas du tout pour lui donner du plaisir.

Or pour elle, c'était bien de cela qu'il s'agissait, de plaisir, ce qui me perturba et me renvoya à la case départ. De nouveau, je lui rendais la main, je me rendais. Je m'allongeai près d'elle, encore complètement habillée, l'esprit absent, donc toute à mon corps. Et ce qui s'y passait me bouleversait, comme d'habitude.

C'est la raison pour laquelle je n'essayai plus d'influer sur ce qu'elle faisait. Je me surpris à lever les yeux vers elle, parce qu'elle était sur moi à présent et me regardait d'en haut. Ça me mit au supplice sans savoir pourquoi. Je savais juste que je n'arrivais pas à respirer et que mes tentatives se soldaient par un bruit – un son que je voulais que personne n'entende.

J'essayai de me libérer, de revenir à la position précédente, mais impossible, ni ça ni rien d'autre, je restai donc allongée, suffocante.

Elle déboutonna mon chemisier, ma peur s'intensifia. Je fis une nouvelle tentative pour me libérer, mais mes jambes n'obéissaient pas plus que le reste de mon corps. Elle faisait glisser ses doigts au milieu de ma poitrine. Elle commençait au niveau de ma gorge et s'arrêtait chaque fois à ma taille. Je pensais qu'elle m'avait peut-être étranglée parce que la tête me tournait violemment. Ma respiration n'arrivait pas à suivre ses doigts et restait coincée dans ma gorge, à l'endroit où elle me touchait. Elle ne s'arrêta pas pour autant. À la place, elle répéta la même caresse encore et encore. Après, la tête ne me tournait plus, mais elle était lourde. Je la posai par terre, réalisant seulement alors que j'avais tendu le cou pendant tout ce temps.

Une fois que j'eus laissé aller ma tête, le reste suivit. Elle continua de la même façon et je commençai à y trouver du réconfort. Je commençai à désirer que jamais elle ne s'arrête ni n'aille plus loin.

Ce fut le cas pendant un temps. Et ma respiration suivit ses doigts. Je respirai par le ventre, sans plus me soucier de la regarder. Et je ne fus pas gênée quand elle déboutonna mon pantalon. Je me dis que ça ne me gênait pas du tout.

Je l'aidai à me déshabiller, puis elle parut comprendre qu'il valait mieux revenir en arrière, continuer ce qu'elle faisait juste avant. J'étais allongée pareil, la situation était identique, sauf qu'à présent elle était agenouillée. Elle avait les genoux entre mes jambes, alors il était clair que ça ne durerait pas longtemps comme ça.

Je fis mon possible pour que ça dure quand même, pour savourer ce réconfort sans aller au-delà. Pour m'en tenir à mon corps en tenant mon esprit à distance. Alors quand ses doigts commencèrent à descendre plus bas, à chaque fois, ça m'aida. Ce que je ressentis lorsqu'elle commença à dire des choses ? Le désir qu'elle soit près de moi. De pouvoir l'entendre et la croire.

Je ressentais le besoin de la serrer dans mes bras. Je voulus me redresser pour le faire. Mais avant que j'arrive bien loin, elle me pénétra avec sa main. Je sentis son autre bras autour de mon dos me soutenir un instant puis elle s'enfonça plus loin en moi. Ensuite, on était allongées toutes les deux et je m'agrippai à elle et à tout ce qui pouvait m'ancrer.

Sa bouche était près de la mienne et elle m'embrassa. Sa langue prit tellement de place, j'en restai muette et offerte. Elle laissa sa main sortir de moi. Elle le fit au moment où je jouissais. Ses deux bras m'entourèrent, et ce baiser, c'était comme s'il comblait toutes les attentes, tous les besoins qu'on pouvait avoir un jour.

On ne faisait que ça à présent. Et c'était comme si ça durait toujours, jusqu'à ce que ça s'arrête. Puis, même là avec elle qui me caressait toujours le visage, ça s'était terminé trop vite. Et ce n'était pas assez. Rien ne suffisait. Pour elle non plus peut-être, parce que je n'étais pas la seule à être agitée.

Assez rapidement, on se leva toutes les deux, vacillant sur nos jambes, cherchant nos vêtements, puis les enfilant maladroitement. Et ensuite, comme toujours, c'était comme si on était tellement plus loin l'une de l'autre. Presque comme si on ne savait pas qui on était, ou qui était l'autre. Ou qui on avait été juste avant.

Après s'être habillée, Beth s'assit. Elle regardait fixement par la fenêtre, et je la fixai jusqu'à avoir envie d'aller vers elle, je sus alors que je ferais mieux de partir. Pourtant, je m'attardai. Je restai debout bêtement, mon manteau à la main. Je crois que j'attendais qu'elle dise quelque chose.

Elle parla, mais, même si j'aurais dû m'attendre à ce qu'elle dise cela, ce n'était pas ce que je voulais entendre. Elle dit : « Je crois que vous feriez mieux de partir maintenant. » Et sa voix parut neutre et impassible comme à chaque fois qu'elle prononçait ces mots-là en particulier.

Elle ne me regardait pas, d'ailleurs les autres fois non plus, mais pour la première fois je m'étais demandé comment ça se passait de son côté. J'y vis autre chose que juste du dégoût pour moi. Je me dis que peut-être je ne la laissais pas insensible. Que les choses qu'elle suscitait en moi s'étaient peut-être réveillées quelque part en elle.

Ces pensées me clouèrent sur place, j'avais peur qu'elle me regarde. Peur pour elle, et d'elle, et de rester assez longtemps pour la désirer de nouveau, ou de sentir son désir plutôt que de partir chassée et seule.

22

Je filai. Je rentrai directement chez moi, et une fois arrivée j'essayai de ne pas penser à la seule chose qui me trottait dans la tête : quand sera-t-elle de nouveau à moi ?

Cela s'était passé un vendredi, j'aurais dû aller bosser le lendemain matin. J'en étais consciente, mais je ne fis rien pour.

Une fois l'heure venue, j'appelai pour me faire porter malade, ne me souvenant qu'après coup avoir agi pareillement la semaine précédente. Je me rendis compte qu'il était sans doute temps que je m'inquiète de ce qu'ils penseraient. Je ne gagnais déjà pas assez là-bas et je n'avais rien gagné par ailleurs dernièrement. Quelque chose devait changer.

Allongée sur mon lit, j'essayais de me convaincre que Beth ne m'apporterait que des galères. Qu'il fallait que je renonce à elle. Une partie de moi le savait pertinemment. En pensant à la quitter, je finis par penser à elle tout court. À partir de là, ma volonté de la quitter ne dura pas longtemps.

Je me persuadai que je devais continuer à la voir. Pour des raisons purement pratiques. Liées à des questions d'ordre judiciaire. Ces prétextes étaient si minces que même moi je voyais à travers. Mais je fis un effort pour m'en contenter. Pour ne pas laisser mes pensées dériver sur les sensations qu'elle me procurait, quand elle le voulait, c'est-à-dire pas assez souvent.

Je n'avais pas le courage de l'appeler. Je passai la journée – du samedi – à combattre cette envie. Je finis par sortir pour y résister, l'idée qu'elle puisse se la jouer froide, distante et impossible m'étant insupportable. Tout comme la perspective de revivre exactement le même week-end que le précédent, de m'organiser en fonction d'elle, de courir la rejoindre sans savoir dans quelle disposition je la trouverais. J'avais déjà le sentiment qu'elle occupait une trop grande place dans ma vie, toute la place, peut-être. Et juste au moment où j'avais violemment besoin qu'il en soit autrement, je tombai sur Burt.

Ce n'était pas difficile. Il suffisait d'aller à certains endroits à une certaine heure. C'est ce que je fis, me figurant n'avoir aucun plan en tête. Il était au bar, avec Jeremy. Et j'avais vu sa voiture dans le parking avec le même gars qui attendait au volant.

Ils m'invitèrent à leur table. Commencèrent à me payer des coups à boire, et durant tout ce temps la même question lancinante de savoir ce qu'ils voulaient de moi me trottait dans la tête. Ils ne me parlaient pas vraiment, pas exactement. Je ne faisais que les écouter. Puis ils se levèrent, on sortit et ils me raccompagnèrent chez moi, ça tombait bien, je n'avais pas ma voiture.

En gros, je revenais à mon point de départ, sauf qu'il était plus tard et que j'étais bourrée. Ma fermeté s'était envolée, du coup je me retrouvai à lui téléphoner. Elle parut somnolente, irritable et pas vraiment surprise, alors je ne pus m'empêcher de penser qu'elle avait gagné.

Je ne demandai pas à la voir. Ne pas demander était le seul moyen de garder un peu de fierté. Apparemment ça la déconcerta, et comme je n'avais rien d'autre en tête en l'appelant, on hésita un moment, jusqu'à ce qu'elle dise : « Pourquoi ne venez-vous pas me voir à midi. »

Elle le dit sur ce ton d'entre-deux. On y était revenues. On recommençait à jouer l'une avec l'autre. À se jouer l'une de l'autre, et de nous-mêmes. Je faillis lui demander où, et en outre son bureau semblait trop petit et pas l'endroit idéal. Mais on ne dit rien de plus et j'allai me coucher en me sentant, bon, heureuse n'est pas tout à fait le mot, mais rassurée peut-être. Ivre en tout cas.

Je me réveillai plus tard que prévu avec cette même impression d'avoir commis une erreur. J'envisageai assez sérieusement de lui faire faux bond, mais ma motivation était mince, difficile à cerner, encore plus à suivre.

J'arrivai à son bureau, négligée et découragée. Elle était déjà là. Elle sortit dans la salle d'attente et me prit par le bras d'une façon qui me rappela que ça n'avait pas toujours été comme ça. Ensuite, on entra dans son cabinet et on s'assit. Je me sentais rassurée, bizarrement, du coup je ne sus plus trop ce que je voulais d'elle. Elle non plus apparemment, car elle parut timide, différente de ce qu'elle montrait ces derniers temps.

Je restai muette mais me retrouvai à la regarder intensément. Nos regards se croisèrent pendant ce qui me parut une éternité. Quand elle parla, quand elle dit : « Vous allez bien ces jours-ci ? », le son de sa voix me fit tressaillir.

Je ne comprenais pas vraiment le sens de sa question. Je ne savais pas ce qu'elle englobait. Ni le terrain que j'étais autorisée à couvrir si je répondais. La solution de facilité aurait été de répondre oui, je vais bien, mais c'était si loin de la vérité que je n'arrivai pas à former ces mots. À la place, je dis : « Pas vraiment, je crois. »

Je l'avais regardée en prononçant ces mots et je le regrettais, car apparemment ça lui avait fait mal. Peut-être voulait-elle l'autre réponse. Comment savoir ce qu'elle voulait ? « Et vous ? »

Son visage changea de nouveau. Elle avait l'air de n'avoir aucune idée de ce que je venais juste de dire, alors j'ajoutai rapidement : « Ça va, je veux dire ? »

Ses yeux s'embrumèrent, elle était au bord des larmes, ma vision se brouilla aussi et on resta simplement assises là à se dévisager.

Je réfléchis à une façon d'écourter la situation, d'en sortir ou de la retourner. Mais juste quand je me disais que je ne pourrais pas la supporter une seconde de plus, ça devint doux. Comme si on partageait quelque chose, même si ce n'était pas de la joie. Et je sentis une sorte de proximité que je n'avais pas ressentie depuis des mois.

Et tandis que cette sensation envahissait mon corps, cette douceur prenant possession de ma poitrine et du reste, se logeant dans mes bras et mes jambes, je suppliais mon esprit de rester en dehors, calme, de ne pas tout casser, ne pas me pousser à partir ou à lui faire un plan cul, car ces deux échappatoires étaient présentes elles aussi – toujours et si séduisantes à chaque fois.

Elle ne bougea pas et ne détourna pas les yeux. Mais elle ne dit rien non plus. Pendant très longtemps. Et quand elle finit par parler, elle dit : « Je crains de ne pas vous aider. »

J'étais incapable d'imaginer ce qu'elle voulait dire par là. Je voulais rire, mais elle paraissait sincère. Comme si elle ne voyait pas l'absurdité de ce qu'elle venait de dire. La tête me tourna, j'en eus presque un vertige, je n'étais pas sûre de pouvoir refréner ce qui ressemblait à de la colère.

La voie était grande ouverte pour la méchanceté, le sarcasme. La seule chose qui m'arrêta fut l'expression de son visage, toujours sincère et douce. Y opposer de la cruauté paraissait une mauvaise option. À la place, je dis : « Qu'est-ce que vous voulez dire ? » Et je voulais vraiment savoir, car le plus angoissant, c'était de ne jamais être sûre qu'elle s'avouait tout ce qui se passait entre nous.

« Ce que je veux dire, c'est que je crois que vous vous attirez des ennuis. »

Je me demandai si elle ne parlait pas plutôt d'elle que de moi, si elle voulait dire que moi je lui attirais des ennuis, car à ce moment-là ses yeux quittèrent les miens pour fixer un point derrière la fenêtre jusqu'à ce que ça commence à prendre la même tournure que toutes les autres fois où elle avait essayé de rester loin de moi.

« Comment ça ? » demandai-je.

« Vous y retournez.

– Pas vraiment. Pas tant que ça. Pas dernièrement.

– Et hier soir, alors ? »

J'en restai perplexe. Et quand ses yeux croisèrent les miens, j'y lus comme de la souffrance. Ses mots signifiaient qu'elle m'avait cherchée, mais j'essayai de ne pas bloquer sur cette idée.

Je me dis d'abord qu'elle avait peut-être vu ma voiture sur le parking. Qu'elle en avait tiré des conclusions. Mais ensuite je réalisai que je ne m'en étais pas servie, alors qu'est-ce que ça voulait dire ? Qu'elle était entrée dans le bar hier soir ?

« J'ai essayé de vous appeler, dit-elle, je voulais savoir si vous alliez bien. Je n'avais pas de nouvelles. J'étais inquiète, alors je suis passée chez vous mais il n'y avait pas de lumière, et vous n'avez pas répondu, alors que votre voiture était là. »

Elle détourna de nouveau les yeux et, quand elle se remit à parler, elle dit : « Je vous ai vue à la gare. Avec ces hommes. »

Elle dit tout cela comme si c'était normal. Comme si c'était la chose la plus banale à faire, et ce fut difficile de ne pas abonder dans son sens. De ne pas se dire oui, bien sûr, elle sait ce qu'elle fait, elle.

Je gardai la tête hors de l'eau de justesse. Je dis : « Qu'avez-vous cru voir ?

– Je vous ai vue monter dans une voiture avec eux. »

Je voulais qu'elle me regarde parce que tout ce que je voyais, c'était elle au volant de sa voiture, en train de me regarder. Ça me fit penser à des trucs insupportables, alors je fus plus directe que d'habitude. Je dis : « Regardez-moi. »

Mais quand elle le fit elle paraissait au bord des larmes, alors je détournai les yeux.

Je dis : « Alors vous avez imaginé le reste.

– J'aurais dû rester pour regarder ? »

J'avais envie de dire, mais qu'est-ce que vous foutiez là pour commencer ? Mais ça me donnait trop de trucs à résoudre. Elle me troublait et me faisait peur, en même temps je sentais un intérêt de sa part – qu'elle en arrive à de pareilles extrémités, mais d'où ça venait ?

« Ils m'ont ramenée chez moi.

– Oh ! et c'est mieux ?

– Non, c'est tout. Rien d'autre. »

Je répondis cela sans vraiment comprendre la rapidité avec laquelle j'en étais arrivée à défendre mes faits et gestes. Cela nous servit à toutes les deux, néanmoins. Ça la mit à l'abri des questions et m'évita d'imaginer ce que ces questions devaient être.

Je lui jetai un regard à la dérobée, puis un autre. Et une fois certaine qu'elle s'était reprise, je la fixai. On recommença à se dévisager, durement et presque méchamment au départ, puis de façon presque vaporeuse. Je ne la toucherais pas. Je me le répétai encore et encore dans ma tête jusqu'à m'en convaincre, mais je commençai à penser que le seul moyen d'en être sûre, la seule solution, c'était de partir. Je pensai, cette fois ça pourrait faire vraiment mal.

Alors je partis, et elle ne me retint pas.

Je rentrai chez moi pour être confrontée à une situation totalement inattendue. Dans mon immeuble, sur les escaliers devant ma porte, était assise Ingrid. La voir ainsi – elle si seule, un sentiment que je partageais tellement – me vola toute la volonté que j'avais jamais pu lui opposer. Venant de quitter Beth, la vue d'Ingrid fut presque un soulagement.

On entra dans mon appartement et elle resta debout près de la porte. Elle lambinait comme si elle ne connaissait pas plus que moi la raison de sa venue. Je posai mes clés. J'ôtai mes chaussures sans réfléchir parce que j'avais mal aux pieds, peu habituée à marcher autant.

Je m'assis sur le canapé et attendis. Ingrid finit par s'asseoir, mais à l'autre extrémité, en gardant son manteau. Elle paraissait désorientée, par moi ou par elle-même, impossible de savoir. Quelque chose clochait, encore plus que d'habitude. Alors je me penchai pour lui enlever son manteau et l'attirer vers moi. Je la tins contre moi pendant qu'elle pleurait. J'embrassai ses cheveux et la serrai.

Je ne tenais pas spécialement à savoir ce qui s'était passé – comment diable lui était venue l'idée de venir ici. Je savais qu'on terminerait dans la chambre, mais j'espérais que ce serait le plus tard possible, j'avais peur de ce que j'allais trouver sur son corps.

Des bleus, sur tout le flanc gauche. Comme des coups reçus alors qu'on est à terre. Elle ne dirait jamais comment. Pas un mot d'explication. Mais c'est ce que j'avais à offrir, j'imagine – j'étais quelqu'un qu'elle pouvait venir trouver sans donner d'explication. Quelqu'un qui savait, et parfaitement.

En gros, on resta simplement allongées l'une près de l'autre. Je finis par aller chercher de la glace. La distance qui me séparait d'elle une fois dans la cuisine me permit de m'interroger sur les risques qu'elle me faisait courir en venant ici. Et si ça devenait une habitude ? L'idée me plaisait, même si elle me faisait peur.

Je retournai près d'elle. Je posai une serviette sur le côté de son corps, les glaçons dessus, puis disposai des coussins autour d'elle. Tout cela me fit me souvenir de comment ça s'était passé chez elle. Elle avait fait ce genre de choses pour moi. Et je me mis à penser que je lui devais ça. Qu'elle ferait pareil pour moi. Qu'elle l'avait déjà fait.

23

Au matin, la simple présence d'Ingrid me posa problème. Je me levai et retirai la serviette à présent détrempée et froide. Je fis attention à ne pas la réveiller, et elle joua le jeu. Elle ne réagit à aucun de mes gestes, et je lui en fus reconnaissante.

J'avais besoin de temps pour moi. Au moins pour savoir quel jour c'était et où j'étais censée être. J'avais l'impression que c'était dimanche, je savais que non mais je ne m'activai pas pour autant.

L'heure tournait, le téléphone se mit à sonner, et je savais que c'était quelqu'un du boulot qui essayait de me joindre. C'était la dernière chose que je pouvais gérer, alors je débranchai le combiné. Je décidai précisément à ce moment-là que je ne retournerais pas à ce travail.

Je pouvais donc passer ma journée avec Ingrid. Peut-être. Après tout, je ne connaissais pas ses plans. Combien de temps elle comptait rester. J'étais tiraillée, je ne voulais pas qu'elle soit là, je me sentais à l'étroit, mais en même temps j'avais peur qu'elle parte, pas pour elle, pour moi. J'avais peur de me retrouver seule avec moi-même et de me rendre compte de ce que j'étais en train de faire.

Ingrid resta. Elle passa la journée au lit, sans jamais se réveiller vraiment. J'attendis sur le canapé et finis par comprendre que ce qui me manquait, c'était mes verres de l'après-midi, en général dès l'heure du déjeuner. Je sortis une bouteille et un verre et restai là à boire un moment en observant Ingrid par la porte de la chambre à coucher.

À peu près au moment où j'étais en train de m'habiller pour aller voir Beth, Ingrid se leva et alla dans la salle de bains. Au bout d'un temps, j'entendis couler de l'eau. Puis d'autres bruits, apparemment elle prenait un bain, alors j'entrai pour me brosser les dents.

« Il faut que je sorte un moment », lui dis-je. Elle parut accablée, mais sembla s'être ressaisie aussi vite car sa voix était assurée quand elle dit : « Est-ce que je peux rester ici quelques jours ? »

J'y réfléchis, tout en sachant que je ne pourrais jamais refuser. Mais je réfléchis quand même à la situation dans laquelle ça me mettrait. Resterait-elle ici pendant que je retournerais travailler vraiment au parking ? Cela augmenterait les chances de voir son mari se pointer, à ma recherche. Ou qu'il envoie une tierce personne.

« Tu peux rester aussi longtemps que nécessaire, aussi longtemps que tu veux. » Voilà ce que je finis par lui dire. Et en partant à pied vers le cabinet de Beth, je remarquai ma voiture sur le petit parking au bas de mon immeuble. Je me demandai si je devais la déplacer, la garer ailleurs. Si à cause d'elle le mari d'Ingrid nous localiserait plus vite. Mais, évidemment, il n'aurait aucun mal à nous trouver quand il prendrait la peine d'essayer, je le savais.

En arrivant chez Beth, j'étais encore à cran et distraite. Impossible de savoir dans quelle disposition elle était. Après tout ce qui s'était passé depuis la dernière fois, c'était comme si je ne l'avais pas vue depuis des siècles. Elle me sembla différente, mais dans la semaine elle paraissait toujours différente. Plus distante et plus posée, en surface seulement, peut-être.

« Vous avez encore été absente à votre travail. »

C'était une affirmation. J'étais toujours debout, je promenais les doigts sur un presse-papiers en verre plein de fleurs piégées, mortes. Cet objet était posé sur son bureau, ce qui voulait dire que je me tenais juste derrière elle. Je n'avais encore jamais fait ça en arpentant son bureau.

Elle parla sans se retourner pour me voir. À la place, elle regardait droit devant elle vers la chaise sur laquelle j'aurais dû être assise. Avoir Ingrid chez moi me donnait une sorte de fausse assurance, comme si j'avais l'impression d'avoir moins besoin de Beth. Même si, je crois, j'avais encore plus besoin d'elle. Si seulement elle avait été quelqu'un à qui parler.

Très vite, je ressentis exactement l'inverse. Je me sentis si petite et si effrayée, tellement en demande, que je m'assis, ce qui m'étonna. Je dis : « Je crois que j'ai des ennuis. »

Elle me regarda. Elle dit : « Racontez-moi ce qui est arrivé. »

J'avais assez de bon sens pour savoir que je ne pouvais pas, pas vraiment. Je dis : « Je ne peux pas retourner à ce boulot. D'une certaine manière, c'est vraiment pas possible. Il y a trop d'autres choses… »

Je m'attendais à ce qu'elle me fasse la leçon. À ce qu'elle enchaîne sur un truc bateau par habitude. À la place, elle demanda : « Voulez-vous faire l'autre truc plus souvent ?

– Non, je ne crois pas. Je ne sais pas. Je sais juste que je ne peux pas jouer à la marchande plus longtemps. Ma place n'est pas là-bas. Je ne sais pas qui je suis quand je suis là-bas, parce que je n'y suis pas vraiment, jamais.

– Où est votre place ?

– Je ne sais pas. Peut-être que l'autre truc me convient mieux. Tout y est plus clair. »

Je ne sais pas pourquoi je lui disais tout ça, et je pensais que je ferais mieux d'arrêter, ça paraissait dangereux. Comme si elle représentait un danger si je lui racontais ce qui se passait réellement en moi.

Je m'attendais à ce qu'elle me réprimande, mais non, elle dit : « Pourquoi pensez-vous cela ?

– Parce que je sais quoi faire, ce qu'on attend de moi. » Puis, pensant à Burt, j'ajoutai : « Enfin, en général. »

Je restai assise, incapable d'en dire davantage. Je la fixai des yeux tandis que le désir se glissait dans la moindre parcelle de mon corps. Une sensation étrangement solide, mais en même temps pesante. Au point que j'aurais été incapable de me lever si j'avais voulu. Mais elle s'était levée et me tendait la main. Ensuite je fus debout, et on marchait vers sa voiture. Elle avait le bras autour de ma taille, et je m'appuyais contre elle, la lourdeur de mon corps m'était à présent agréable. Elle roula jusqu'à un parc situé près de chez elle. Il était quasi désert car la nuit était tombée et il faisait froid dehors. Je tirai sur le manteau qu'elle m'avait donné pour m'emmitoufler. Ça faisait bizarre de se retrouver au milieu de balançoires et de toboggans, de jeux pour gamins. Mais l'air frais me faisait du bien. Et elle me guidait avec son bras autour de moi, ça me faisait du bien aussi. Toute cette douce tristesse me donna envie de pleurer. Avant de prendre conscience de cette envie, j'avais déjà commencé. Je m'étais mise à pleurer depuis cet endroit si vaste et si ancien que je ne savais pas où il commençait ni ce qu'il recouvrait.

Je pleurai dans ses bras pendant ce qui sembla être une éternité. Et lorsque je ne pus plus me tenir debout, on s'assit à une table de pique-nique. On resta un temps infini ainsi, moi qui sanglotais toujours, serrée dans ses bras. Puis j'avais arrêté, ou ils avaient cessé, mes pleurs. Et elle nous avait ramenées à sa voiture, on était assises à l'intérieur. Mais ça s'était passé trop vite. Si vite que je voulais qu'elle prenne la direction de chez elle. Mais non. À la place, elle me ramena chez moi.

C'était plus logique d'aller chez moi, et puis elle avait un mari. Mais la femme d'un autre était chez moi, alors que pouvais-je faire ? Elle dit : « Ça va aller ? Vous voulez que je rentre avec vous ? »

Bien sûr que je le voulais. En cet instant, je la voulais plus que jamais, peut-être. Mais comment je la voulais ? Je n'étais pas sûre de le savoir, sauf que c'était différent. Certaines pièces étaient là mais pas toutes.

Et Ingrid là-haut ? Impossible d'en parler à Beth. Rien à faire. Je dis : « Non, c'est pas la peine. Ça va aller. » Puis j'ajoutai : « Merci. » Et avant de descendre de la voiture j'enroulai mes bras autour de son cou et restai ainsi un instant. Et en montant les escaliers, je me sentais même plutôt pas mal. Pendant un petit moment.

Ingrid était assise sur le canapé, habillée. Tout d'un coup elle ressemblait à une épouse. Elle s'était débrouillée pour nous préparer un dîner, ou l'avait acheté quelque part. On mangea en buvant quelques verres, sa présence commençait à me sembler presque normale. Je n'en suis pas fière, mais l'idée qu'elle puisse se charger de l'aspect financier me traversa l'esprit. Comme ça je n'aurais pas besoin de sortir dans l'immédiat.

On était toujours en train de boire et de fumer quand le téléphone sonna. Mon instinct me dictait de ne pas répondre, mais je savais que c'était Beth.

Je décrochai et elle dit : « Je voulais juste m'assurer que vous alliez bien. »

J'emportai le téléphone dans la chambre, fermai la porte, mais impossible de changer si vite de registre. Je sentis de la culpabilité dans ma voix saccadée : « Ça va bien, vraiment. » Et ma façon de parler trahissait mon impatience. Elle ne pouvait pas en connaître la cause, mais sembla un peu déconcertée, et quand elle finit par répondre, elle dit : « Demain, pourquoi ne venez-vous pas plus tard que l'heure prévue.

– À quelle heure ?

– Disons six heures. Je crois que ce serait mieux. J'ai une longue journée et… »

Elle ne prit pas la peine de finir, comme si elle s'était rappelée à qui elle s'adressait.

« Six heures, c'est très bien, répondis-je. Moi aussi j'ai des trucs à faire », je ne savais pas pourquoi j'avais dit ça et je le regrettai.

« Ah, dit-elle. Très bien. Six heures alors. » Et je perçus son envie de s'attarder, ça paraissait brutal de raccrocher déjà, mais, affreusement, ça semblait jouer en ma faveur.

« O.K., à demain », fis-je.

Je raccrochai et retournai auprès d'Ingrid. Elle était toujours assise sur le canapé à fumer une clope, les yeux rivés sur son verre posé sur la table basse.

« C'était qui ? » demanda-t-elle comme si elle avait fait ça depuis des années, et évidemment c'était le cas.

Ça nous surprit toutes les deux. Elle plus que moi, parce qu'elle ajouta rapidement : « Excuse-moi. Je ne sais pas pourquoi j'ai posé la question. Ça ne me regarde pas. »

Je n'essayai pas d'expliquer, même si une partie de moi en avait envie. Je me retrouvai une nouvelle fois avec toutes ces choses en moi que je voulais raconter, mais absolument pas en face de la bonne personne.

À la place, je tendis la main et elle la prit. On alla dans la chambre, sans que je sache ni qui ni ce que je désirais vraiment. Mais je savais trop bien que c'était Beth qui avait déclenché en moi ce besoin, avant d'en changer la forme.

On s'allongea, Ingrid et moi. Au début, on aurait pu croire que ça se passerait comme la vieille, à traîner tranquillement au lit ensemble. Et, étrangement, en me rendant compte de ça – car c'était sans doute ce que je désirais le plus de Beth, en tout cas ce soir – je loupai le coche. Je ne pouvais pas m'allonger et penser à elle, à Beth. Sinon je risquais de me remettre à pleurer, et mes pleurs viendraient de cet endroit que je ne comprenais pas, et Ingrid en tirerait de mauvaises conclusions. La dernière chose dont elle aurait alors envie, ce serait de moi.

Je la déshabillai puis me déshabillai, et elle se glissa sous les couvertures. Elle avait dû faire le lit. Je restai debout, me demandant ce que j'étais en train de faire. Pas seulement en cet instant précis, mais dans ma vie. Je me demandais comment diable j'en étais arrivée là et d'où j'étais partie.

Ces pensées avaient dû me figer sur place, car j'entendis la voix d'Ingrid. Je l'entendis dire : « Nina, qu'est-ce qui se passe ? Qu'est-ce que tu as ? »

Je me surpris à rester plantée comme un piquet au bord du lit, mais je respirais fort, j'aurais aimé lui avoir donné mon vrai nom, ça m'aurait donné l'impression qu'on se connaissait.

« Rien », dis-je en me mettant au lit avec elle. Mais ça ne marcherait pas. Je le savais déjà. J'avais trop de choses dans la tête. Et quand elle commença à me toucher, d'abord juste mon cou, traçant une ligne sous ma mâchoire, je sus que je ne pourrais jamais m'empêcher non plus de ressentir des choses. Et vu que ni mon esprit ni mon corps n'étaient des endroits sûrs, je regardai son corps. Je me tournai vers elle et commençai à la toucher aussi, et pendant un petit moment ça fonctionna.

Je me mis à embrasser ses épaules, puis ses seins. Je continuai jusqu'à ne plus sentir qu'elle, et pas moi. Et ça dura jusqu'au moment où je tirai les couvertures et vis les bleus sur son flanc, qui avaient viré au rouge violacé.

Cette vision me rattrapa et m'arrêta presque. L'idée de lui demander comment c'était arrivé me traversa l'esprit. Mais je savais que c'était surtout pour moi, pour me protéger de moi-même. Et je savais que ça ne marcherait pas. Par ailleurs, je savais exactement comment on lui avait fait ça. Je voyais la scène – elle à terre et lui qui la rouait de coups. Et jamais je ne m'étais sentie moins humaine que les fois où il m'avait fait ça, j'en étais consciente.

La faire repasser par là simplement pour m'épargner moi, c'était bien le genre de truc qu'il ferait. À la place, je glissai un coussin derrière elle pour lui éviter de se coucher à plat. Elle s'enfonça dedans pendant que j'enroulais mon bras autour de sa cuisse.

Je l'embrassai pendant une éternité, son ventre, ses cuisses, et je sentais ses mains dans mes cheveux. Je pouvais l'entendre dire des petites choses. Des murmures incompréhensibles et que je ne voulais d'ailleurs pas vraiment comprendre – de peur que ça ressemble trop à ce que disait Beth. Et si les deux disaient le même genre de choses, comment pouvais-je croire l'une ou l'autre ? Et comme je voulais croire Beth mais pas Ingrid, la situation était encore plus embrouillée.

Ainsi, je retournai à Beth au moment où je pénétrais Ingrid. Après j'écoutai Ingrid car elle n'émettait que des sons et des râles et ma propre respiration changea, mais pas comme elle aurait dû. Je fus obligée de décoller ma bouche d'elle, pour m'en tenir à la baiser. La baiser, tout en étouffant mes propres bruits, parce qu'ils risquaient de se transformer en pleurs si je ne me ressaisissais pas.

Ingrid voulut se tourner – du côté de ses bleus d'abord, la douleur lui arracha un cri, puis dans l'autre sens. Je pris un autre coussin. La laissai se mettre sur le ventre. Je me redressai pour me placer derrière elle. J'enfonçai de nouveau ma main en elle et tout ce temps elle me demanda de lui en donner plus, avec ma main.

Je commençai à me faire peur, j'avais peur de m'emballer, d'être transportée où elle voulait que j'aille, puis je cessai de m'en inquiéter.

Je le baisai jusqu'à ce que ce soit elle qui pleure – depuis un endroit que je connaissais mais en même temps non, car en général, quand elle arrivait là, elle restait silencieuse et loin de moi. Mais cette fois, quand je commençai à ralentir, elle m'implora de ne pas m'arrêter. Elle dit : « Non, s'il te plaît. Ne me laisse pas, je t'en prie. »

Elle n'avait jamais rien dit de tel alors je suivis ses paroles. J'enfonçai ma main plus loin en elle et l'y laissai, tout en essayant d'aller encore plus profond. Elle se tenait très immobile, alors je fis pareil – je ne bougeai plus et ne bougeai plus ma main, immobile et très loin en elle.

Je restai ainsi jusqu'à ce qu'elle se retourne de nouveau. Elle se tourna vers moi, et son visage arborait une expression que je ne lui avais jamais vue. Elle parut jeune et effrayée, j'ouvris mes bras et elle vint à moi.

Elle mit longtemps à se calmer. Je me sentais démunie. J'envisageai tous les trucs à la con – comme lui apporter un verre, une clope. Mais je me retins jusqu'à ce qu'elle revienne suffisamment à elle pour me le demander. Alors je fus contente d'avoir des choses concrètes à faire. De pouvoir me lever du lit.

Je rapportai les trucs avec moi – la bouteille, nos verres. Fis un autre voyage exprès pour les cigarettes, histoire d'avoir un peu plus de temps pour moi. J'essayai de boire à sa manière, à grandes gorgées – elle, ça l'aidait, mais dans mon cas ça ne fit que renforcer la sensation d'étouffement. Je tentai une clope, mais ça me fit la même chose, en pire. Je l'écrasai à la moitié, et c'est à ce moment-là qu'elle se souvint de moi.

Elle se pelotonna près de moi et glissa sa main entre mes jambes, je me laissai aller en arrière. J'écartai les jambes parce qu'elle me le demanda.

Elle me caressa et me caressa encore, et je sentis un début de calme naître sous sa main, puis suivre ses mouvements. Elle m'effleurait des doigts, naviguant jusqu'à ma gorge puis vers le bas. Beth aussi avait fait ça, aussi je me questionnai : qu'est-ce que j'ai pour que les femmes sachent qu'il faut me faire ça ?

Ma respiration devint plus régulière et plus profonde, et elle me parla d'une manière qui ne voulait rien dire. Elle disait des choses comme : « Voilà, maintenant. C'est bon. Chérie, tout va bien. » Et je voyais bien que non, parce que je commençai à la croire.

Quand elle enfonça sa main en moi, je ne pus être qu'avec elle et nulle part ailleurs. Je ne pouvais rien faire que ressentir ce qu'elle me faisait. Et c'était lent et doux, et j'en voulais plus que je ne pouvais en supporter. Je fis des efforts pour le lui demander, mais à présent c'était moi qui n'émettais plus que des sons et des râles.

De toute façon, elle savait. On se ressemblait suffisamment sur ce point, alors je la sentis venir très loin en moi et je me sentis me refermer sur elle. Je voulais enrouler mes jambes autour d'elle aussi, mais j'étais incapable de les bouger. Je me sentais molle et merveilleusement épuisée, détendue et paisible. Elle paraissait en tirer un certain bien-être, car quand je la regardai elle souriait. Pas d'un large sourire, mais il y avait cette petite transformation sur son visage que je ne lui avais pas vue depuis longtemps, peut-être jamais.

Elle sortit lentement sa main de moi et la laissa sous son corps quand elle s'affaissa contre moi. Et je sentais sa main et le poids de son corps comme deux choses indifférenciables. Et je jouis de cette façon-là aussi. D'une manière qui faisait que savoir ce qui était quoi ou s'en soucier devenait difficile, parce que tout ce qui comptait en cet instant précis, c'était qu'elle m'ait prise comme ça.

Mais ça ne dura pas. Ça tourna mal parce que ce n'était pas elle qui aurait dû faire ça, faire ça comme ça, me faire ça. Alors un vide remonta depuis le fond. Il s'infiltrait en moi, malgré mes efforts pour le combattre. Il me harcelait. Me rongeait de l'intérieur, me forçant à voir qu'Ingrid et moi on ne se ressemblait pas tellement, ou plus maintenant. Ce qui marchait encore pour elle me faisait à présent défaut. Ce que Beth avait initié me dépassait – et cela paraissait irrépressible, ou ne jamais vouloir s'arrêter. Ou pas avant de m'avoir achevée.

24

Je dormis, je dormis vraiment profondément, pour la première fois depuis un temps indéterminé. Pourtant, je me réveillai inquiète de nouveau. Ingrid, sa présence, me rendaient nerveuse. J'étais contente qu'il soit tard. La journée serait moins longue à supporter. Quelques heures seulement me séparaient de mon rendez-vous avec Beth, et comme j'ai tendance à penser à l'envers, je croyais qu'elle m'aiderait à résoudre une chose dont je ne lui avais jamais parlé.

Je voulais faire semblant de dormir, laisser Ingrid se lever la première, et apparemment elle était réveillée, même si je ne voulais pas vraiment en avoir le cœur net. Je lui tournais le dos car elle était tournée vers moi, ses bleus ne lui permettant de dormir que dans cette seule position.

Je sentis bouger son corps, d'abord des petits à-coups, puis elle fit courir ses doigts le long de mon dos, glissa sa jambe entre les miennes. Comme si, au réveil, elle reprenait les choses là où on les avait laissées en s'endormant. Je l'enviai pour ça, comment faisait-elle ? Mais en prenant sa main pour poser son bras autour de moi, je sentis sa bouche dans mon cou et réalisai que tout cela n'était peut-être qu'une fuite.

Une fois cette idée en tête, impossible de rester allongée là plus longtemps. Sinon j'allais reconsidérer toute la nuit précédente sous cet angle seulement, et j'avais besoin qu'elle signifie davantage. Au moins pour un temps, parce que c'était moi la première qui avais amorcé le départ et voulu quitter cet endroit-là. Qui avait eu besoin d'échapper à moi-même, de cet endroit où m'avait emmenée Beth. Cet endroit ancien inondé de douleur.

Aussi fort que je le désire, ou fasse semblant de le désirer, je ne pouvais pas utiliser Beth comme fuite. Je n'avais jamais pu. Ce qu'elle offrait était tout le contraire. Elle me plongeait dans les choses mêmes dont j'avais besoin de me libérer. Elle faisait en sorte qu'elles me submergent en usant des mêmes moyens que ceux dont je m'étais toujours servie pour les esquiver.

Le sexe avec elle n'était pas que du sexe. Ce n'était pas ce que j'avais connu pendant si longtemps. Avec elle, ça devenait quelque chose d'entièrement différent. Quelque chose qu'elle connaissait tellement mieux que moi. Et le fait qu'elle en sache plus dans un domaine dans lequel je pensais être experte m'obligea à voir que je n'en avais connu que les éléments les plus insignifiants. Qu'aussi loin que je m'autorisais à m'en souvenir, je m'étais contentée de miettes.

Ce cheminement de pensées me conduisit dans la cuisine, où je fumai en préparant le café, j'y bus ma première tasse sans Ingrid. Je lui apportai la sienne, en essayant de ne pas penser au fait que ça rappelait notre manière de faire chez elle. J'en avais marre qu'on ne puisse pas écarter ce qui s'était produit là-bas, et qu'elle continuât à le vivre.

Elle me ficha la paix. Mais lorsque je me remis au lit, je sentis qu'elle cherchait une ouverture, et ça me mit la pression. Me donna envie de me tirer – du lit et de l'appartement. Me fit comprendre que je n'avais qu'un seul endroit où aller et que c'était encore trop tôt.

Cette ambiance de malaise persista toute la journée. On ne parla pas beaucoup, ni l'une ni l'autre, et on agit encore moins. De mon côté, j'essayais d'éviter cette manière d'être ensemble qui nous était familière. Elle tenta encore de nous y ramener à plusieurs reprises, mais je résistai. Je ne compris qu'en me rendant chez Beth que ma réticence était liée à elle et pas à Ingrid. Ou aux deux.

En vérité, Ingrid ne m'avait jamais permis d'échapper à moi-même non plus. C'était elle qui avait commencé à dérégler mes mécanismes. Pas de la même façon que Beth, mais en étant tellement semblable à moi que je ne pouvais plus ne pas me voir. Je m'étais vue en elle. J'avais vu toutes les failles dans mon système – en moi – et combien elles sautaient aux yeux de quiconque prenait la peine de les remarquer. Et Beth ? Elle les avait remarquées, que j'aie été prête pour elle ou non.

Je tournais encore ça dans ma tête quand j'entrai dans son cabinet. Ça me rendit méfiante. M'empêcha de la regarder pendant encore plus de temps que d'habitude, et encore plus de m'asseoir. Elle patienta.

Quand je finis par m'asseoir, je m'autorisai à la regarder. Et immédiatement quelque chose de vaste et de calme s'empara de moi. Le relâchement de mon corps me donna envie de tout lui raconter sur Ingrid. Mais en même temps, parler paraissait si loin. Et entendre aussi, apparemment, car lorsqu'elle me parla je le remarquai à peine.

« Quoi ? » fis-je. Et je me demandai combien de temps j'avais mis.

« Qui était avec vous hier soir ? »

Elle dit cela sans émotion. Mais le ton complètement monocorde de sa voix trahissait son effort pour le maintenir ainsi. Au départ, je me dis que d'une manière ou d'une autre, elle savait déjà tout. Je faillis continuer en ce sens, mais, à cause de ma lenteur générale, elle fut la première à poursuivre.

« Je crois que vous devriez éviter de les faire venir chez vous. »

Sa voix n'était plus aussi assurée, et ça plus ce qu'elle avait dit m'indiqua la direction à suivre.

Je dis : « Alors vous êtes convaincue qu'il n'y a qu'eux qui pourraient venir chez moi ? »

Ma voix était restée égale, sans effort de ma part. Ce même sentiment m'habitait encore – ce calme qui s'était emparé de toutes les parties de mon corps et semblait me gouverner tout entière.

« Je veux dire que ça pourrait être dangereux. »

Je n'avais aucune idée de comment réagir. L'envie pressante était bien là, celle de lui parler d'Ingrid, de me servir d'elle comme d'une arme. À la place, je dis : « Je n'ai jamais fait ça.

– Alors qui était-ce ?

– Personne. D'accord ? Qui ce serait d'autre ? »

On se regardait toujours. Son visage s'était empourpré. Elle semblait ne pas savoir que faire de ses mains. Je me surpris à me lever et à aller vers elle. Je lui pris une main, et comme elle ne se leva pas, trop interloquée pour ça, je m'agenouillai. J'étais à ses pieds. Et alors, suivant une impulsion venue de mon crâne, je me mis à embrasser sa main. Je continuai jusqu'à ce qu'elle la laisse s'ouvrir.

Je pressai sa paume contre ma joue. La laissai là un instant avant de l'embrasser de nouveau, de sucer ses doigts. Elle resta immobile pendant très longtemps. Puis ses genoux, fermement collés au départ, se desserrèrent, me permettant de m'approcher. Je glissai mon autre main sous sa jupe. La laissai remonter le long de sa cuisse jusqu'à l'endroit où finissait son bas. Et l'espace d'un instant, je me demandai si elle avait toujours porté des bas ou si cela avait à voir avec moi, aussi.

Incapable de poursuivre cette idée plus longtemps, je guettai sa respiration. Je fis glisser ma main dans son dos, l'attirai vers moi et posai ma tête sur ses cuisses. Mon autre bras aussi l'entourait, mais par-dessus ses vêtements. Elle s'était mise à me caresser le visage, et je fermai les yeux, la serrant toujours.

On resta comme ça un moment – sans parler, presque sans bouger. Finalement, elle dit : « Venez, je vous ramène chez vous. »

Je savais ce qu'elle entendait par là et je souhaitais que ce soit aussi simple. Je la voulais dans mon lit, je ne me souvenais pas avoir jamais rien désiré autant, sauf elle, et la nuit dernière seulement, comme ça justement. Devoir dire non, devoir inventer une histoire pour l'éviter paraissait au-dessus de mes forces.

Alors je dis : « D'accord. » Et on se releva et on mit un peu d'ordre dans nos vêtements. On sortit et on monta dans sa voiture. Je croyais qu'entre ici et chez moi, pendant ces cinq minutes, j'inventerais quelque chose.

Ce ne fut pas le cas, et, évidemment, elle sentit que j'essayais. Elle n'arrêtait pas de me demander ce qui n'allait pas. Puis elle tourna dans le petit parking à côté de chez moi plutôt que de s'arrêter au bord du trottoir. D'ici, très distinctement, on voyait que la lumière était allumée chez moi, et Ingrid aurait tout aussi bien pu se trouver à la fenêtre.

Beth hésita mais, fidèle à elle-même, continua comme si elle n'avait rien vu. Elle dit : « Laissez-moi entrer avec vous. » Et ça avait dû sembler trop clair, donc elle ajouta : « Je veux m'assurer que vous allez bien. »

De nouveau, on était revenues à cet endroit horrible où chacune faisait semblant d'être pour l'autre ce qu'elle n'était pas. Elle au moins. Ma tête sur ses genoux quelques minutes plus tôt, et là il ne s'agissait plus que de préoccupation. Néanmoins, ça me donna l'impulsion dont j'avais besoin. Je dis : « Je vais bien. Inutile de vous inquiéter pour moi. » Et c'était venu trop vite et trop brutalement, et elle parut heurtée.

« Écoutez, dis-je avec plus de douceur pour essayer de recoller les morceaux. Je vous verrai demain. »

Elle resta assise, les mains sur le volant, avec cet air étrange. Elle fixait toujours ma fenêtre.

Je descendis, fis le tour et entrai dans mon immeuble. Grimpai les marches deux à deux. Ingrid m'attendait à la porte. Elle dit : « Tu es partie longtemps. »

Sa remarque me parut bizarre, déplacée. Ça me poussa à me demander ce que je pouvais lui dire, alors que ça aurait dû me donner une indication par ailleurs. Mais j'aimais sentir ses mains sur moi et ses bras autour de moi, et je fus en mesure de jouer son jeu un peu plus longtemps. De voir en sa remarque juste un truc gentil. Que je lui avais tout simplement manqué, et après tout elle était restée cloîtrée ici toute la journée. Je me demandai combien de temps elle le supporterait.

Elle m'attira vers la chambre, mais je m'écartai en disant que j'arrivais dans une minute. J'allai à la fenêtre, consciente de ne pas avoir entendu la voiture de Beth démarrer. J'espérais me tromper mais je savais que non, je restai à côté de la fenêtre et tirai le store. Puis j'allai me coucher avec Ingrid, tout en sachant qu'il fallait que je trouve un moyen de la faire partir de chez moi.

25

Le lendemain matin, je décidai que ça pouvait être plus simple que je ne l'imaginais. Qu'il suffirait peut-être qu'Ingrid parte juste une nuit. J'abordai le sujet alors qu'on était toujours au lit, en train de boire le café.

Je dis : « Je dois recevoir quelqu'un à la maison. Juste ce soir. »

Elle joua la surprise et à la fois pas du tout. Elle dit : « Si c'est une question d'argent… Tu sais que j'ai de l'argent.

– Y'a de ça, mais pas seulement. J'ai lâché mon boulot. Je ne peux pas juste continuer comme ça.

– Comment comme ça ? » dit-elle, en faisant presque la moue.

Je ne répondis rien et elle se reprit. Elle dit : « Bon, il faudrait vraiment que je retourne à ma vie. »

Je ne sais pas si elle voulait me faire mal, mais ça me fit mal. Et avant de m'en rendre compte, j'avais dit : « Je ne veux pas que tu retournes avec lui.

– Si je ne le fais pas, il va me chercher. Je suis étonnée qu'il ne l'ait pas déjà fait. Je suppose qu'il sait où me trouver. »

Je remontai les couvertures parce que j'eus une sensation de froid dès qu'elle eut dit cela. Et en me voyant, elle fit : « Il ne viendra pas te chercher si je rentre à la maison. Je suis déjà restée trop longtemps. »

On n'évoqua plus le sujet, donc, plus tard, quand je partis pour le cabinet de Beth, je n'étais pas sûre de ce qu'Ingrid allait faire. Je me posai la question pendant tout le trajet, et cela me préoccupait encore une fois assise en face de Beth.

À la voir, c'était presque comme si la nuit précédente n'avait pas eu lieu. Presque. Quelque chose en elle l'empêchait peut-être elle aussi de gérer tous les aspects de la situation. Mais ça ne changeait pas grand-chose.

Elle dit : « Je m'inquiète que vous ne travailliez pas. »

C'est comme ça qu'elle commença. Ça m'énerva, qu'elle en revienne à ça. Pour cette seule raison, je dis : « Oh, je travaille. »

C'était pas un truc beau à dire, et je regrettai de l'avoir dit. Je savais que je tenais Beth pour responsable du départ d'Ingrid, et même de ce à quoi elle retournait. Et je savais qu'en réalité je ne pouvais m'en prendre qu'à mes sentiments pour elle, pour Beth. Je les blâmais pour tout – leur puissance, le fait de ne jamais pouvoir les mettre de côté mais de toujours, toujours devoir agir sur eux.

Beth fixait un point par la fenêtre. Elle ne me regarda pas, même quand je tentai d'arranger les choses. Sans conviction, je commençai par dire : « Je ne le pensais pas. D'ailleurs, ce n'est même pas vrai. »

Cette dernière phrase parut vaine. Elle pensait que je mentais, c'est sûr. Et par ailleurs, ce que je faisais avec Ingrid n'était peut-être pas si différent, au fond c'était peut-être le même type de travail.

« Il n'y a qu'une seule personne, de toute façon, ajoutai-je lourdement. Inutile de vous inquiéter à cause d'elle. »

Elle me lança un regard furieux. « Vous me prenez pour une imbécile ou vous y croyez ? »

Ça ne lui ressemblait tellement pas que ça me souffla. Peut-être disait-elle vrai. Quelque part, encore une fois, j'avais peut-être oublié de voir la réalité de la situation avec Ingrid – les risques encourus, certainement plus élevés qu'avec n'importe quel banlieusard.

« Non, dis-je, intimidée à présent. J'imagine que non. »

J'aurais dit tout ce qu'elle voulait si seulement j'avais su ce qu'elle voulait que je lui dise. Je l'aurais dit et j'aurais même essayé d'être sincère. « Qu'est-ce que vous attendez de moi ? » finis-je par demander, et ce n'était pas méchant. C'était une vraie question, et elle s'adoucit.

« Je ne sais pas », dit-elle, et ses yeux hésitèrent, se tournant vers la fenêtre avant de revenir sur moi.

On resta assises comme ça longtemps, sans rien dire, jusqu'à ce que je sente le silence sous ma peau me rendre fébrile. Et alors, à la fin, simplement pour couper court à cette sensation, je dis : « Vous me ramèneriez chez moi maintenant ? »

Elle ne dit rien. Mais elle se leva, prit son manteau, et on partit dans sa voiture.

Elle se gara de nouveau dans le parking. Jeta un coup d'œil vers ma fenêtre éteinte puis me regarda. Elle ne reposerait pas la question, pas ce soir, je le voyais bien, alors je dis : « Vous voulez bien monter avec moi ? »

De nouveau, elle ne dit rien. Mais elle descendit de la voiture. Avant moi. On fit le tour et on monta l'escalier, et pendant tout ce temps je craignais qu'Ingrid soit toujours là, endormie peut-être, ou autre.

Beth se tenait derrière moi quand j'ouvris la porte. Et dès que je vis l'enveloppe – un enveloppe épaisse sur la table basse – je sus qu'Ingrid était partie, pour toujours peut-être, en ce qui me concernait.

J'hésitai, ou peut-être fis-je marche arrière, ou Beth continua-t-elle d'avancer. N'importe comment, elle était là, collée derrière moi, et m'obligeait à avancer.

J'entrai, j'allumai une lumière. J'essayai de faire comme si l'enveloppe n'existait pas. Beth resta debout près de la porte. Ce qui me rappela qu'elle n'était jamais venue ici avant et que sa présence n'avait rien de normal. C'était trop direct et trop évident, trop calculé. Quelque part, j'avais l'impression d'en être la seule instigatrice.

N'y tenant plus, j'allai vers la table basse. Je n'avais pas l'énergie nécessaire pour tenter de cacher des choses. Je pris l'enveloppe. Elle était trop épaisse pour être scellée. À l'intérieur : un billet de vingt après l'autre, plusieurs billets de cinquante, et même des billets de cent derrière. Pas de mot, alors que je réalisai que c'était ça que je cherchais, un mot de sa part, j'en avais besoin plus que de l'argent, ou du moins besoin pareil.

Je sentis quelque chose mal tourner en moi, si mal que la sensation devint physique. Une nausée de tristesse, causée apparemment par l'enveloppe, il fallait donc m'en débarrasser. J'allai dans la chambre comme si Beth n'était pas là. Dans l'instant, j'ignorai si elle m'avait suivi ou non, puis je sus que oui.

J'ouvris un tiroir de la table de nuit, jetai l'enveloppe à l'intérieur et le refermai violemment. L'écho de ce bruit me poursuivit tandis que je me laissais tomber en arrière sur le lit. M'appuyant contre le mur, je pris un coussin et le serrai contre ma poitrine. Beth se tenait dans l'embrasure de la porte. Ça lui donnait un air étrange – encadrée par la porte, la lumière de l'autre pièce qui l'éclairait par-derrière, et cette chambre-ci tellement sombre, toujours si sombre.

« Ça fait beaucoup d'argent », dit-elle, très prosaïque, comme si elle ne pensait pas : qu'avez-vous fait pour avoir tout ça ? Sauf que je savais qu'elle le pensait. Et bien plus, pour qui l'avez-vous fait ? Je sentis comme un trop-plein dans ma poitrine, puis la colère nichée au même endroit me coupa la respiration. Et quelque part sous cette colère, il y avait de la peur. La peur que Beth sache pertinemment qui avait été dans mon lit.

Ce qui se passa ensuite modifia la donne. Elle entra dans la chambre et s'assit sur le lit à côté de moi. Je ne savais plus ce que je voulais d'elle, ni ce qu'elle faisait là. Je ne savais pas pourquoi mon désir pour elle m'avait fait renvoyer Ingrid. Je le savais d'autant moins que, d'une façon diffuse mais forte, la personne que j'avais terriblement envie de voir à cet instant précis, c'était Ingrid. Même si je n'étais pas certaine de savoir si c'était motivé par la culpabilité ou par le désir.

Ou peut-être voulais-je Beth, si seulement elle pouvait se comporter comme Ingrid. Si pour une fois, une seule, elle clarifiait les choses sans les embrouiller tout de suite après. Sans faire comme si de rien n'était. Sans nous démolir chaque jour davantage. Sans baiser mon corps un soir et le lendemain faire mine de m'avoir juste pris la tête.

Beth desserra mes doigts crispés autour du coussin et prit ma main entre les siennes. Elle ne fit rien de plus pendant longtemps. On resta juste assises comme ça avec tous ces non-dits qui nous poussaient dans un sens puis dans l'autre. Chaque fois plus près l'une de l'autre, sauf que je n'avais pas envie d'aller là-bas. Cette fois, je n'irais pas. Pas avec ce truc qui couvait dans ma poitrine et puis qui bouillonnait.

Je me serais levée si j'avais pu, mais pour faire quoi ? L'idée d'appeler Ingrid me trottait dans la tête, mais il y avait trop d'obstacles. Des obstacles si nombreux et qui en même temps me donnaient envie de le faire. Qui me disaient que je le ferais. Que ce n'était qu'une question de temps.

Beth était absolument calme. Elle avait toujours son manteau, et je me rendis compte que moi aussi. Que tout ça m'avait donné très chaud – son manteau sur mon corps et ma rage intérieure.

J'ôtai ma main des siennes pour quitter mon manteau. Je commençai à déboutonner mon chemisier simplement parce que je me sentais en nage et à l'étroit. Je ne mesurai pas ce que ça signifierait pour elle.

Elle oui. Elle posa la main sur ma poitrine, commença le même jeu de caresses. Mais avec sa main posée là, je sentis plus pleinement le truc en dessous. Le truc qui couvait et grondait dans ma poitrine, qui devenait brûlant et douloureux, cinglant. Et ses doigts qui essayaient de le calmer. De m'attirer dans ses eaux troubles. Cet endroit qui prétendait être un océan ou une piscine, mais qui en réalité était un marécage. Plein de boue épaisse et glissante.

Je ne la laisserais pas faire. Cette fois ça ne se passerait pas comme ça. Pas à sa manière. Je lui saisis le poignet et le tordis jusqu'à ce qu'elle pousse un cri. Je relâchai un peu ma prise et elle se ressaisit.

Elle dit : « Chérie, tu me fais mal. » Elle dit cela comme si j'avais fait une connerie, comme si je ne savais pas ce que je faisais.

Je le lui tordis encore, plus fort. Je voulais qu'elle sache exactement ce que j'étais en train de faire et pourquoi. Je voulais qu'elle voie exactement ce qu'elle était en train de faire. Je dis : « Pose tes putains de questions. Demande-moi ce que tu as besoin de savoir. »

Je vis son visage se durcir, marqué. Chercher un moyen de s'en sortir, de fuir. Et j'y lus de la souffrance. Je tordis plus fort. Je voulais l'entendre crier encore, j'en avais besoin, c'était le seul endroit en elle auquel je croyais.

Je hurlais à présent, je hurlais : « Vas-y. Demande. Ou dis-le. L'un ou l'autre, je m'en fous. »

Et ce fut les deux à la fois. Et en hurlant elle dit : « Elle était ici. Pas vrai ? C'était elle tout le temps. Tout ce temps c'était Ingrid. Alors moi, j'étais qui ? Dis-le-moi. Juste une autre passe ?

– C'est toi qui n'es pas foutue de décider. Qui me fais des plans tout le temps. »

– Salope », dit-elle en me frappant à la poitrine. Elle dégageait les trucs en dessous, les disloquait et les détachait. « C'est toi, la pute, dit-elle. Pas moi. »

Et ensuite elle m'attaqua vraiment. Avec ses poings. Et ses mots continuaient de se répandre partout. « Espèce de sale petite pute », disait-elle à moitié en pleurant et à moitié en hurlant. Ainsi, finalement, j'obtenais ce que je pensais vouloir. Je lui arrachai la vérité. La vérité à laquelle je n'avais jamais cessé de croire tout le temps.

Elle était sur moi à présent, toujours avec son manteau. Je me débattais pour prendre le dessus, mais elle avait pris trop d'avance. Elle était déjà en train de m'embrasser brutalement, m'écrasant et m'arrachant violemment les lèvres et la bouche. Je voulais la frapper. J'essayai de lui rendre ses coups, mais elle maîtrisait trop la situation. Rapidement, ça me fit du bien. C'était comme un soulagement, parce qu'à ce moment-là j'avais envie que quelqu'un me frappe, et ça paraissait juste – que ce soit elle.

Elle glissa sa main dans mon jean puis en moi. Elle hurlait toujours. Des trucs comme : « C'est ça, tout ce que tu veux ? Tu crois que c'est ça, tout ce que je veux ? »

Et elle me baisa fort et je cédai parce que la réponse était oui. Si j'avais parlé, j'aurais dit ça, et puis je le fis. Je dis : « Oui », mais je le dis de l'autre manière, qui signifie baise-moi, baise-moi encore.

C'est ce qu'elle fit. Encore et encore. Et elle continuait à dire des choses, des trucs furieux que je n'avais aucun mal à entendre. Elle disait : « Je vais te baiser comme une folle… Salope. »

Elle m'avait ôté mes vêtements et avait en partie enlevé les siens. Et elle avait perdu l'esprit, mais moi j'avais encore toute ma tête et j'enregistrais tout ce qui se passait – dans ma tête et dans mon corps et entre les deux. Dans cet endroit au plus près de ma poitrine, où je voulais sentir un engourdissement ou au moins de la haine, mais où à la place je me sentais juste aimée.

Je le ressentis de la manière que je connaissais. Ce n'était pas l'endroit où elle m'avait emmenée avant – celui dont j'avais tant besoin, et immédiatement besoin de quitter. Ce n'était pas ce truc enchevêtré, si gentil, si doux et si insupportable. Celui que j'avais si souvent essayé de faire basculer vers ça, chaque fois, en fait.

Et ses mots n'étaient pas ceux-là, ceux qu'elle avait toujours utilisés. Elle ne disait pas : « Tu ne sais pas comme je t'aime. Comme j'ai envie de toi. Depuis combien de temps je te désire. Tu ne sais pas combien tu comptes pour moi. » Mais j'entendais ça quand même, résonner en moi. Je l'entendais tellement clairement, bien plus que toutes les fois où elle l'avait effectivement dit.

Et elle avait eu raison en me disant que je ne savais rien de ces choses, que je ne pouvais pas savoir. Cette fois-ci je savais les choses qu'elle disait. C'était elle qui ne savait pas ce qu'elle disait, ou faisait. Ses mots s'étaient mélangés à la force de sa main. Je n'arrivais pas à les différencier, elle me possédait si complètement.

Mes yeux se fermèrent, et sa main me cogna plus profond et plus fort. Et les mots cognaient pareil, chaque fois plus loin en moi. Trois ou quatre seulement à présent, répétés encore et encore. Juste : « Salope » et « Sale petite pute ». Encore et encore.

Je la laissai faire ce dont elle avait besoin. Je la laissai s'épuiser sur moi, et m'épuiser. J'aimais trop ça, comment ça me faisait mal. Comment ça clarifiait tout. Que depuis toujours, c'était vers ça qu'on allait. Que je nous y avais poussé. Vers cet endroit où j'étais supposée l'emmener. L'emmener pour qu'elle me prenne de cette manière-là.

Mais en dessous, il y avait un malaise. L'idée qu'après tout ce n'était pas vraiment elle, mais qui j'avais besoin qu'elle soit. Qui j'avais fait d'elle. Je pensais que c'était mon boulot de lui montrer qui elle était.

Je pensais que c'était mon boulot depuis toujours : montrer aux gens quelque chose de laid en eux. Les emmener dans un endroit en eux où ils ne voulaient pas aller, mais devaient aller. Les laisser le faire par moi puis les laisser me négliger, m'abandonner. Plus tard, les faire me payer, sans jamais voir comment je payais pour ça moi aussi.

Alors j'avais appliqué ça à Beth. Fait comme si je lui avais montré quelque chose en elle dont elle ne voulait pas reconnaître l'existence. À présent, tout cela paraissait aberrant, par rapport à moi tellement plus que par rapport à elle. Car ça concernait qui j'avais besoin de voir et non qui elle était, pas entièrement, pas elle dans sa totalité. Pas même la majeure partie. Et si c'était vrai pour les autres ?

L'erreur que j'avais commise, l'erreur que j'étais, ne fit que grandir à mesure que je reprenais mes esprits. Elle avait fait exactement ce qu'elle avait dit. Elle m'avait tellement baisé à la folie que je ne me reconnus pas en revenant.

Et je ne me reconnus pas non plus dans la jouissance, je savais juste qu'elle m'avait possédée. Elle m'avait eue, elle en avait peut-être fini avec moi, et dans ce cas il ne me restait rien.

J'étais étendue là, épuisée, ou foutue. J'allais quelque part où je ne savais plus rien, encore moins qui j'étais, ou qui j'avais toujours été. Alors peut-être que j'avais tout compris de travers, et même à l'envers. Que c'était Beth qui me faisait voir des choses en moi, m'emmenait à des endroits où je ne voulais pas aller, mais devais aller. Et ce que j'y trouvais n'était pas moche, pas exactement. Chaotique et énorme, incontrôlable même, mais pas malfaisant, plus monstrueux que démoniaque.

Je comatai dans un demi-sommeil pendant plusieurs heures. Suspendue quelque part. Et je suppose qu'elle avait dormi aussi, en quelque sorte, parce qu'après il faisait jour dehors et elle se leva du lit en se maudissant elle-même, et sans m'insulter moi. Peut-être avait-elle simplement réalisé qu'elle devrait se trouver ailleurs, et depuis quelques heures déjà.

Elle partit en hâte. Je ne savais pas ce que je sentais ni comment je me sentais, mais par-dessus tout j'avais le sentiment que ce qui était en moi, quoi que ce fut, n'avait plus d'importance. Le sentiment que j'avais tout perdu, et elle avec. Que je ne comptais plus pour elle. Je croyais que m'approcher d'elle ne servirait plus jamais à rien.

Puis je somnolai de nouveau. L'endroit où m'emportait le sommeil était d'un noir sans fond. Vide et désolé avant de gagner en substance. Avant de me consoler d'une manière dont je me souvenais, qui datait d'un endroit ancien comme celui où j'étais allée du temps où elle m'avait aimée.

Puis de nouveau je me réveillai. Je ne voulais pas, je désirais tellement rester entourée d'obscurité, cette obscurité-là, qui n'appartenait qu'à moi. Mais immédiatement je pensai, au moins j'avais cet argent. Il me paierait le temps nécessaire à désembrouiller tout ça – à comprendre qui j'étais à présent, ou qui j'avais toujours été.

Je m'attendais presque à ce que Beth ait laissé de l'argent, je craignais que ce soit le cas. De trouver des billets froissés quelque part près de moi. Mais non, alors je pus me laisser glisser de nouveau dans cette obscurité. Et elle m'attira, m'encercla, ne me lâcha pas. Et je m'y cramponnais, je ne voulais plus jamais partir de là car c'était comme si finalement j'étais rentrée à la maison.

26

Quand je me réveillai de nouveau, il était déjà tard. Je m'allongeai dans la baignoire, ouvris l'eau et la laissai m'envelopper. Je restai longtemps ainsi, comme en sécurité. Finalement, la sonnerie du téléphone me poussa à me lever, car ça n'arrêtait pas de sonner. Sans interruption.

C'était Beth. Sa voix paraissait fatiguée et tremblante, et elle demanda : « Où es-tu ? » Elle dit cela comme l'enfant implorant que j'étais devenue.

« Quoi ? », fis-je, encore bouleversée que ce fût elle.

« Pourquoi tu n'es pas ici ? »

La question paraissait bête, trop bête pour que j'y réponde, mais si je raccrochais la sonnerie reprendrait de plus belle et me vrillerait le crâne. Le mieux, c'était sans doute de me jeter à l'eau tout de suite, alors je dis : « Je pensais que tu ne voulais plus me voir. »

Elle ne répondit rien, pas tout de suite. Quand elle parla, elle dit : « Écoute, j'arrive. » Puis elle raccrocha.

J'étais assise sur le lit à présent, trempée. Puis je me pelotonnai sous les couvertures et restai ainsi, humide et frissonnante.

Peu de temps après je l'entendis frapper, un bruit hésitant que je pouvais presque ignorer. Mais ensuite, comme la sonnerie, il s'amplifia et se fit insistant, jusqu'à ce que je ne puisse plus feindre de ne pas entendre.

Je me levai, trouvai une serviette, l'enroulai autour de ma taille et ouvris la porte.

Elle était là, complètement habillée. Elle avait l'air rassemblée, j'avais pensé qu'elle serait comme moi – mouillée, en vrac, terriblement en demande –, ça me donna à réfléchir. Elle entra vite, me prit dans ses bras, et je l'entendis murmurer à mon oreille, encore et encore : « Je suis désolée ma chérie, tellement désolée. »

Je ne savais pas ce que ça m'évoquait. Je pensais, c'est moi qui devrais m'excuser. Mon corps commençait à faiblir, de plus en plus, mes genoux se dérobaient, mes bras autour d'elle pesaient des tonnes. On alla dans la chambre, ou plus exactement elle m'y conduisit. Ça commença comme la veille – j'étais dans le lit et elle assise à mes côtés –, sauf que les sentiments s'agençaient complètement différemment.

Je ne ressentais rien qui ressemble de près ou de loin à de la colère. Plutôt une sorte de peur, et un désir plus intense, mais pas celui d'aller là où j'étais sûre qu'on se retrouverait. Ça paraissait malgré tout être le moyen de m'approcher de ce dont j'avais besoin – la baiser, je veux dire. Ou qu'elle me baise, mais pas comme la nuit précédente. En la laissant me prendre à sa manière.

Elle ne semblait pas pressée. Elle s'assit avec moi, tranquillement. Elle me prit juste la main. Une sensation de douceur et de chaleur se mit à émaner du lit, et d'elle aussi peut-être, puisqu'elle enleva son manteau d'abord, puis ses chaussures.

Elle se pelotonna près de moi. Comme elle avait toujours ses vêtements, j'eus d'une certaine manière l'impression d'être plus petite. Parce que j'étais nue et pas elle. Mais rapidement je notai que, par rapport à elle, ça me plaisait. Ça ressemblait à de la confiance.

Elle avait arrêté de s'excuser et c'était tant mieux, car ça m'avait embrouillée plus que tout le reste. Qu'elle croie m'avoir fait du tort, sans envisager le contraire. Ça me chamboulait malgré moi.

Cette sensation persistait par endroits, aussi, quand elle me toucha, je tressaillis. J'eus envie de me lever pour prendre un verre ou une clope. Sauf que j'étais nue et pas elle, ça m'était agréable, mais en même temps je me sentais un peu piégée. Et de la voir de nouveau tellement maîtresse d'elle-même ? Ça m'inquiétait. Je n'y pouvais rien.

Mais elle coupa court. Avec ses mains sur moi. Apaisantes et sûres, elles chassèrent mon inquiétude. M'attirèrent vers quelque chose d'aussi sombre qu'un océan. Quelque chose qui ressemblait à ce sommeil noir que je venais juste de trouver, alors je m'y précipitai. Plongeai en elle. La laissai m'engloutir.

Elle posa ses mains sur mes épaules. Quand elle me fit basculer en arrière, je me rendis compte que mon corps était raide, crispé. Certaines parties de mon corps au moins, à l'inverse de toute la mollesse qui flottait à l'intérieur de moi. Elle se glissa tout habillée sous les couvertures. Je me blottis contre elle. Je voulais la déshabiller mais ça me semblait hors de portée, ses vêtements étaient trop compliqués. Ce que je voulais, je suppose, c'était qu'elle soit déshabillée.

Elle me tenait fermement et me caressait. Je finis par réussir à déboutonner son chemisier, parce que le fait qu'elle reste comme ça, qu'elle fasse ce que quelque part je désirais le plus, je n'arrivais toujours pas à l'accepter. Je ressentais encore le besoin de faire diversion. Alors je dégrafai son soutien-gorge mais sans aller plus loin, et finalement, elle se déshabilla elle-même.

Après, on resta allongées, sans rien faire, sans but, et elle commença à dire des choses. Celles que j'avais entendues dans ma tête la nuit précédente. Si clairement. Sauf que là, malgré moi, je ne les entendais qu'à moitié. Des bribes me parvenaient, avant de s'évanouir. Et de revenir à la charge.

Répétées encore et encore, jusqu'à ce que quelque part en moi elles se fixent. Et pour la première fois je vis toutes les questions que ces mots soulevaient. Et la nécessité de leur apporter des réponses. Pour elle. Son besoin urgent que je réponde à ses mots à elle avec mes mots à moi.

Je ne savais pas comment m'y prendre sans revenir à la nuit précédente. Elle ne le souhaitait pas, je le savais, moi non plus d'ailleurs, mais je ne voyais pas d'autre solution. Je dis : « Ingrid n'est pas ce que tu crois. »

Beth eut un mouvement de recul en entendant ce prénom, du coup je me dépêchai d'enchaîner : « Pour moi, je veux dire. Elle n'est pas qui tu as fait d'elle. Tu ne le vois donc pas ? Et toi non plus, tu n'es pas qui je croyais. »

Je m'exprimais mal. J'ajoutai péniblement : « Ce n'était pas toi hier soir, c'était moi. J'ai toujours été comme ça. Maintenant je le sais, tu comprends ? Tu comprends que je ne sais pas qui je suis quand je suis avec toi ? Quand on est ensemble ? Tu comprends ce que ça veut dire ? Ce que tu veux dire pour moi ? »

Je m'étais enlisée dans mon propre bourbier. Incapable d'expliquer ce que je venais à peine de découvrir. Incapable de le comprendre moi-même, et l'exigeant d'elle.

Pourtant, même très maladroitement, j'avais dû lui transmettre des choses dont elle avait besoin. Elle se rapprocha de moi de sa manière rassurante. Apaisante. Dit : « Chut,

chut maintenant, ma chérie. Je sais. J'ai toujours su. Tout va bien maintenant. Calme-toi. »

Elle se mit à m'embrasser en plus de me tenir dans ses bras, et je l'embrassai en retour. Et à ce moment-là les choses commencèrent à se dissoudre – mes pensées d'abord, puis toute raideur quitta mon corps. Cette fluidité nouvelle qui me parcourait tout entière me permit de me laisser absorber par elle – mon corps en premier, entraînant mon esprit derrière lui. Mes sentiments, quant à eux, semblaient toujours avoir été là-bas.

Elle était en partie allongée sur moi à présent, mais je ne sentais pas le poids de son corps. Je dus me déplacer pour le sentir, réalisant alors qu'elle se tenait un peu éloignée de moi. À sa manière, physiquement, elle me protégeait. Comme si ce soir tout en elle me traitait comme un être fragile. Mon aversion habituelle pour ce genre d'attitude céda la place à sa douceur, au sentiment plus vaste qu'on prenait soin de moi. Qu'elle faisait attention à moi. À la pensée qu'elle tenait à moi.

Je ne voulais plus essayer d'expliquer ça. Je ne voulais pas être ramenée à la nuit précédente, ni à rien d'antérieur. Je voulais qu'on reparte à zéro. Qu'on commence ici même et que cela nous transforme, me transforme.

Je pensais toujours que le chemin pour y arriver passait par mon corps et par le sien. Je changeai de nouveau de position. Pour être complètement sous elle, pour sentir son poids. Elle se laissa aller, se colla à moi. Et ses lèvres, collées aussi, d'abord contre mon cou puis contre ma joue – jusqu'à ce que je tourne un peu la tête et ouvre la bouche. Et quand elle y enfonça sa langue, je l'ouvris davantage.

Sa façon de m'embrasser m'expédia dans un endroit que je ne reconnus pas. Il était trop familier. Familier comme quelque chose que j'avais toujours voulu mais n'avais jamais tout à fait obtenu. Mes bras s'accrochaient à elle. À son dos d'abord, mais ensuite je remontai une main dans son cou, puis l'autre. Je la tenais avec tant de douceur.

De ses bras fermes elle me tourna pour me mettre à côté d'elle, ensuite je m'enroulai autour d'elle. Les jambes d'abord, les bras ensuite. Et elle était enroulée autour de moi, c'était à la fois exceptionnel et trop près pour moi. Je m'écartai suffisamment pour embrasser son cou puis ses épaules, et là elle relâcha son étreinte et tomba en arrière. Sa manière d'être allongée devant moi m'empêchait de bouger.

Je ne sais pas de quoi j'avais l'air, mais ce qu'elle vit l'incita à venir vers moi, rapidement, rassurante. Elle se mit à murmurer, ça me calma. C'était plus des sons que des mots, et sa main vint en moi au rythme de sa voix. Elle semblait savoir que cela m'apaisait à chaque fois.

Et cette fois plus que les autres. Pendant un moment, je me sentis absolument bien. Ça aussi avait quelque chose de familier, comme un truc que j'avais toujours voulu, mais jamais obtenu.

Sa proximité ne m'empêchait pas de la voir, et je la regardai. Je me remis à trembler, peut-être à cause de l'expression de son visage, à la fois triste et gentil. Comme si elle se retenait encore, retenait des choses en elle, loin de moi.

Elle se montrait si attentionnée, et comme cette attitude m'était impénétrable je fermai les yeux. Et à ce moment-là, je sentis le reste de moi s'abandonner à elle. Ne la voyant plus, je sentais plus fort ce qu'elle ressentait. Et elle le savait peut-être, à en juger par la distance qu'elle maintenait délibérément entre nos corps. Comme si elle luttait pour la préserver, alors je l'attirai plus près, désireuse d'être à cet endroit où je ne nous distinguais plus l'une de l'autre.

Son autre bras se posa autour de mes épaules et elle m'embrassa encore. Et je la laissai faire. J'avais toujours fait ça, j'imagine. Elle faisait à présent partie des gens qui pouvaient obtenir tout ce qu'ils voulaient de moi. Me faire tout ce qu'ils voulaient. C'était peut-être la dernière qui restait.

Elle se mit à m'embrasser puis à me sucer les seins. M'attirant de plus en plus loin vers le fond. Et sa main bougeait toujours avec douceur, jusqu'à ce qu'un trop-plein submerge ma poitrine, mais d'une manière que je m'étais jusque-là interdit de connaître, même avec elle. Quelque chose de très vieux et de très fatigué me parcourait à cet endroit-là.

Je ne tentai pas de m'y opposer. Ni à ce moment-là, ni quand sa bouche descendit. Vers mon ventre d'abord, à côté de sa main ensuite. Et moi aussi, je plongeai plus profond. Plus loin en moi. Elle retira sa main, laissa sa bouche. Je me tournai un peu et elle m'aida à enrouler ma jambe autour d'elle. Elle glissa juste un doigt dans mon cul et ce que je reconnus alors devint bestial – furieusement hurlant et ancien.

Je ne pense pas avoir émis ces sons. Ils restèrent coincés en moi, se faisant écho entre eux, seuls, et alors je me sentis seule, ou commençai à me sentir seule. Ou peut-être le contraire, c'était peut-être la solitude le déclencheur, et elle s'était logée à cet endroit-là. Un endroit si loin en moi que Beth ne pouvait pas l'atteindre, uniquement m'y transporter. Et maintenant que j'y étais – là-bas, et seule –, je voulais surtout qu'elle soit près de moi.

Elle m'avait transportée ici avant, je le savais. Par sa façon de me prendre, de me faire partir. Et à chaque fois le même besoin survenait : celui de fuir à toutes jambes, ou en rampant. C'était exactement le même besoin à chaque fois, mais pas tout à fait pareil. Par paliers successifs, ce besoin me transformait. Cette fois-ci, cette obscurité, ce sommeil noir, m'assaillait. Un sommeil capable d'étouffer cette grosse masse hurlante et béante, mais qui quelque part lui ressemblait. Ou était son revers.

Cette fois, c'était moi que je voulais fuir, mais pas elle. Et après une vaine tentative, j'essayai de l'attirer là-dedans avec moi. Mais je ne trouvai pas mes mains. Je ne savais pas où elles étaient.

Je me réveillai et les trouvai sur ses hanches. Je me réveillai car je venais de passer un moment sans l'être. Je n'étais ni endormie ni inconsciente – mais à un endroit où seule importait ma respiration. Un endroit situé entre le hurlement béant et l'obscurité. J'étais suspendue entre les deux dans la pénombre. Et depuis cet endroit-là, j'étais en mesure de la sentir elle, mais moi-même pas vraiment. Du coup, je ne savais pas ce qui s'était passé, pas encore, pas complètement.

Je me réveillai et la trouvai qui me caressait, tandis qu'une vague de plaisir intense et tranquille me donnait envie de pleurer, mais elle était si attentionnée que ça paraissait malvenu. Du coup, je me rendormis presque, mais je sentais une autre chose aussi, plus habituelle, comme un désir de la toucher, de lui donner quelque chose en retour.

Je m'en sentais incapable, cependant. Absolument incapable. Elle eut l'air de s'en contenter. Elle paraissait contente que je lui aie appartenu et que, cette fois, je le sache.

Je ne me souvenais pas qu'elle soit partie. Or je me réveillai seule. Seule, effrayée, et en manque d'elle.

En manque d'elle, au réveil au moins, avant de me souvenir où elle m'avait emmenée. De me souvenir de cette chose énorme que j'avais trouvée en moi. Cette chose hurlante et béante qu'elle avait laissée monter, et cette sorte de sommeil noir en face. Et, pire, cet espace désolé entre les deux. J'arrivais à me souvenir d'y être allée, d'avoir été là-bas, mais je ne gardais aucun souvenir de ce qui s'était passé en dehors de ça.

Ça m'effraya, et cette peur me poussa à faire un truc que je ne devais pas faire, je le savais pourtant. Un truc qui, je le savais aussi, devait également me faire flipper. Et qui de toute façon ne marcherait pas. Pas comme je le voulais, plus maintenant.

J'appelai Ingrid. J'essayai. Je tombai sur son mari à la place, alors évidemment je raccrochai. Je raccrochai en me demandant si de toute façon il savait. Quelque part en moi, je me demandais toujours ce qu'il savait et pourquoi il attendait, car c'était bien l'impression que j'avais tout le temps. Je n'avais pas l'impression qu'il m'avait laissée filer, mais qu'il attendait son heure.

Je ne savais pas du tout quoi faire. Je finis par m'habiller et prendre de l'argent dans l'enveloppe. Puis j'allai faire les courses. Pas à l'épicerie, beaucoup trop loin, mais chez un petit traiteur de l'autre côté de la rue. J'achetai à manger, même si je n'avais pas faim. Je m'en sortis mieux au drugstore voisin, en achetant des produits qui me seraient peut-être réellement utiles un jour. Puis je rentrai chez moi.

Je trempai longtemps dans mon bain. Jusqu'à ce que quelque chose se réveille en moi, m'ordonne de me lever et de m'habiller sinon le téléphone pourrait se mettre à sonner. Fallait éviter ça.

J'allai au cabinet de Beth. J'étais en retard, je suppose. Ma notion du temps était à présent si distordue, je pouvais seulement espérer être encore vaguement dans les temps. Je vis sa voiture sur le parking, là où elle la garait toujours. Je m'arrêtai presque, ou pendant un petit moment, simplement pour la fixer. Je me demandais comment elle pouvait continuer à vivre sa vie. Comment elle pouvait la vivre normalement avec tout ça. Alors j'entrai, quelque part un peu soupçonneuse à son égard. Un peu loin d'elle, pas synchrone.

Elle vint me chercher avant que j'eusse traversé la salle d'attente. Elle ne me touchait pas, mais c'était un peu comme si elle m'escortait – elle marchait un peu derrière, entre la porte et moi, elle me guidait tout en m'empêchant de fuir.

Je m'assis immédiatement, du coup elle était la seule debout. Elle le resta un instant, près de moi, puis elle retourna vers sa chaise en s'arrêtant brièvement pour regarder quelque chose sur son bureau.

Je patientai. Puis, assises toutes les deux, on se dévisagea en silence. Elle semblait un peu ailleurs, et fatiguée aussi. Fatiguée comme moi. C'était rassurant, même si je n'étais pas encore sûre qu'elle ne ferait pas comme si la nuit précédente n'avait pas eu lieu. Et cette fois, je n'étais pas sûre de ne pas avoir préféré. De ne pas en avoir besoin.

C'était peut-être pour ça que j'étais venue là au lieu de la laisser venir à moi. Je me disais qu'ainsi, peut-être, tout ça disparaîtrait. Mais ça, c'était fini, elle ne le ferait plus. Elle me tendait déjà les mains, je les pris, et l'instant d'après on était debout.

Au début, j'eus la sensation que ça faisait longtemps, du coup ça paraissait moins dangereux. Mais ensuite je l'embrassai, maladroitement, comme si je ne savais pas ce que je faisais, donc déjà j'avais cédé. Cédé à l'idée que jour après jour nous serions les mêmes l'une pour l'autre. J'avais pensé que c'était ce que je désirais le plus, or à présent, je n'en étais plus certaine.

Elle tira sur mon chemisier et je guidai sa main en dessous en frissonnant. Mes jambes ne voulaient pas s'arrêter de trembler, une en particulier.

Elle aussi semblait lutter contre quelque chose – à en juger par ses mains tremblantes et hésitantes, longtemps posées sur mes seins. Je ne les sentais pas vraiment. Pas avec certitude, jusqu'à ce qu'elle me touche le ventre puis déboutonne mon pantalon.

J'éprouvai le besoin de la devancer, de gagner du terrain en quelque sorte. Mais le temps que je le comprenne, elle était déjà dans mon pantalon. Après je tombai à genoux et elle avec moi. Sa main me pénétrait déjà et le reste de son corps me soutenait, alors encore une fois, à ce moment-là, j'étais à elle.

Et, exactement comme la nuit précédente, juste au moment où je pensais pouvoir laisser cela arriver, la laisser me prendre, ça me devint impossible. Je voulais être ailleurs. Loin de cette grande chose hurlante et béante qui remontait à la surface pour respirer. Impossible de fuir, ou de respirer. Ça volait tout l'air. Et se rendait-elle compte de ce qui se passait en moi ?

Après, je fus incapable de rentrer chez moi. À la place, j'allais au seul autre endroit qui me paraissait familier : le parking. Il était presque désert et je n'avais aucune idée des trains. Je n'étais plus au courant des horaires. Tellement ça faisait longtemps.

Du coup, j'allai au bar, mais quand je vis Burt et Jeremy installés à une table, je compris que j'étais venue pour eux.

Je m'assis à leur table sans qu'ils me le proposent. Ils me remarquèrent à peine ; ne m'adressèrent pas la parole. Pas un blanc dans leur conversation, ce qui parut calculé. Mais il faut dire que les mots les plus banals me posaient pas mal de problèmes ces derniers temps.

Quand la serveuse arriva, Burt commanda une nouvelle tournée, devinant ce que je voulais boire. Une vodka, il n'avait donc pas tout oublié me concernant. Je me mis à me rappeler des trucs sur lui. Sur eux. Je savais déjà que ça ne marcherait pas. Et l'envie pressante de rentrer chez moi me submergea. Mais je me sentais trop fatiguée pour marcher. Et même si j'avais de l'argent en poche et que des taxis attendaient dehors, cette possibilité ne m'effleura pas.

Quand je ne l'attendais plus, Burt se tourna vers moi. « Où t'étais ? » demanda-t-il.

Mais ensuite il rit comme s'il savait déjà, et Jeremy rit avec lui, puis il fit à Burt : « Je t'avais bien dit qu'elle réapparaîtrait. Je t'avais bien dit qu'on n'aurait pas à faire d'effort. »

J'étais assise là, toujours muette et sans comprendre. Je restai immobile, avec cette envie immense de rentrer chez moi, et je finis par l'exprimer. Je leur demandai s'ils me ramèneraient.

Tous les deux rirent de nouveau, ensuite on se leva et Burt paya la note.

Sur le parking, je me retrouvai à chercher des yeux le pauvre type. Je m'attendais à ce qu'il soit garé quelque part, en train d'attendre. Mais je savais que non, je l'aurais remarqué en arrivant.

Je les suivis à travers le parking jusqu'à une voiture quelconque. Jeremy se mit au volant. Burt me fit signe de monter sur le siège passager, posa sa mallette sur le plancher et me hissa sur ses genoux. Une fois arrivés en bas de mon appartement, il descendit avec moi. Il fit à Jeremy : « Pourquoi tu vas pas t'occuper de ce dont on a parlé. J'en n'ai pas pour longtemps. » Et puis, comme une pensée après coup, il ajouta : « Donne-moi la mallette. »

Il me suivit dans l'escalier puis dans mon appartement et ensuite dans ma chambre. Il posa la mallette et s'assit sur une chaise – une que j'avais presque oubliée, ensevelie sous des vêtements, des fringues à présent éparpillées par terre, sauf une nuisette qui m'était aussi sortie de la tête. Burt la tenait à la main.

« Et si tu mettais ça », dit-il, et j'hésitai quelques instants avant de la lui prendre des mains.

« J'ai besoin d'un autre verre, dis-je. T'en veux un ? » Je dis cela en m'approchant de la porte. Il m'attrapa le bras et me le tordit. Il dit : « J'ai quelque chose dont tu as encore plus envie. » Et je savais qu'il voulait dire de la drogue – même avant qu'il mette la main dans sa poche, je savais.

Il lança deux sachets sur le lit. « Attrape », dit-il. Sur un ton si banal que je m'exécutai. Mais quand je me penchai pour en prendre un, il dit : « Mets ça d'abord. »

Je me déshabillai et commençai à enfiler la nuisette par-dessus ma culotte que j'avais gardée, mais il m'ordonna de l'enlever.

« Je crois que tu vas pas avoir besoin de ça, si ? » Il le formula ainsi.

Sans savoir ce que c'était, quelque chose chez lui m'empêchait de ne pas être d'accord, je trouvais que ce qu'il disait avait du sens. Je me demandais si au fond, ça tenait vraiment à lui, ou plutôt à moi. À l'endroit où Beth m'avait laissée, à ce qu'elle m'avait laissé.

Je compris clairement que j'avais plongé la tête la première. J'avais vraiment cette impression – d'être sous l'eau, de bouger au ralenti, les gestes malhabiles. Je rampai sur le lit, pris le sachet le plus prometteur – plein de cachets que je reconnus presque tous plus un petit paquet contenant ce dont j'avais le plus envie. Le truc dont j'avais eu salement besoin depuis que j'avais vu Beth pour la dernière fois, depuis notre toute première rencontre, sans doute.

Que son prénom me traverse l'esprit me perturba, et peu de temps après j'entendis sonner le téléphone. Je l'entendis tout en ouvrant le paquet, j'en vidai un peu sur ma main et sniffai.

Burt décrocha le combiné. « Elle est occupée pour l'instant. » Puis il débrancha l'appareil.

« C'était qui ? » demandai-je, comme s'il savait.

« Juste une de tes petites copines. »

J'en sniffai un peu plus et ça me plongea plus loin sous l'eau. À un endroit d'où je pouvais poursuivre.

Burt prit l'autre sachet, celui rempli de coke, et il en sniffa un peu en me regardant, sauf que je ne faisais rien.

Il était assis au bord du lit, face à moi. Il me dit de remonter la nuisette. J'obéis, puis j'écartai les jambes et il m'ordonna de me toucher. Il dit : « Allez, chérie, vas-y maintenant. Je veux te voir. »

Comme ça ne m'était pas tellement étranger, je m'exécutai. Il se laissa aller en arrière tout en restant assis et se contenta de mater un moment avant de me tendre le sachet. Et comme je ne réagissais pas il se lécha un doigt et le plongea dans le sachet. Il le ressortit couvert de poudre blanche et puis il me toucha, le doigt presque enfoncé en moi au début, le faisant ensuite courir de haut en bas et au milieu.

Je ne sentis pas grand-chose. Ou du moins ce que je sentais semblait venir de son doigt et pas de la came, rien d'inhabituel, donc. L'héroïne ne me faisait pas beaucoup d'effet non plus, alors qu'elle aurait dû m'assommer vu le temps depuis lequel je n'en avais pas pris. Mais peut-être que comme ça faisait des mois que je m'enfonçais, c'était rien à côté. Ça ne pouvait pas me couler plus que ne l'avait déjà fait Beth.

C'était extrêmement perturbant. Pour moi, cette drogue, c'était un truc sur lequel je pouvais compter. Un truc ultime et sûr pour la tenir à distance et me tenir à flot. Pour ne pas sombrer dans mon hurlement béant, mais le guérir.

Je plongeai à nouveau dans le paquet, en sniffai beaucoup plus, j'aurais dû être malade avec ça, mais non. Pas physiquement, contrairement à mon attente. Et cela, la futilité de tout ça, me donna envie d'être loin de lui, loin de tout. Loin de ma vie.

Néanmoins, machinalement, je continuai. Je fis les choses qu'il exigeait, elles n'étaient pas pires que d'autres faites avant. Sauf qu'elles me faisaient me sentir plus mal, à cause des trucs qui se passaient dans ma tête, de concert. Ces trucs concernaient tous Beth, ou les choses qu'elle avait mises à nu en moi. Quoi qu'il fasse, ou que je fasse, je ne pouvais pas me débarrasser d'elle, ni de moi.

Qu'il ne me baise pas me mit la rage. Et puis je me rendis compte que ce n'était pas tellement qu'il ne voulait pas, mais qu'il ne pouvait pas, et je devins arrogante et insultante. J'avais une sensation de pouvoir, avec mes sarcasmes, jusqu'à ce qu'il prenne sa mallette sur ses genoux et l'ouvre.

Je ne pouvais pas voir à l'intérieur, alors quand le flingue apparut, ça me surprit beaucoup, même si ça n'aurait pas dû, j'imagine. Ma surprise redoubla quand il me le tendit. Il dit : « T'en as tellement envie. Utilise ça. »

Et quand je ne fis rien, laissant le flingue pendre mollement dans ma main, il me hurla dessus : « Fais-le. » Et plus en douceur, il ajouta : « Tu vas faire tout ce que je te dis. »

Je fixais le revolver. Il était lourd, on aurait dit un vieux modèle. Son barillet était long, gris terne, et le bois de la crosse doux et usé comme s'il avait passé des années à jouer avec.

Je le tenais toujours maladroitement, ma main entourant à la fois la gâchette et une partie du bois. Le poids de l'arme tirait mon bras vers le bas, puis le fit trembler avant que je tremble tout entière.

« Arme-le », dit-il.

Tirer sur le chien me demanda un effort. Je dus m'y prendre à deux mains. Et poser mes bras sur mes cuisses pour les stabiliser un peu. Et tandis que mon corps continuait à trembler terriblement, mon esprit resta absolument immobile.

« Vas-y, baise-toi », dit-il.

Encore une fois ma lenteur le fit hurler. « Vas-y », cria-t-il d'abord, puis de nouveau de sa voix douce : « T'en avais tellement envie, hein ? Eh bien, chérie, maintenant tu l'as. »

Je plaçai le canon entre mes jambes. Je posai les pieds sur le lit et m'écartai, le reste du corps droit. Je le promenai de haut en bas entre mes jambes, ça glissait, je mouillai, et dans ma tête aussi ça dérapait.

« Enfonce-le-toi. »

Ce ne fut pas difficile, malgré le guidon qui dépassait et me déchira un peu.

« T'aimes ça ? », demanda-t-il, mais ce n'était pas une question. « T'aimes ça », dit-il, de nouveau. J'enfonçai le canon plus profond et le fit ressortir un peu. La façon dont je me mis à bouger les hanches me rendit malade, même si les tremblements avaient laissé la place à de l'excitation et à de la nausée.

« Appuie sur la détente », dit-il. Et je ne ressentis aucune peur ni rien de semblable. Je ne marquai même pas un temps d'arrêt. Je pressai juste la détente et sentis mon corps se serrer autour du canon, puis j'entendis un clic froid et le bruit de son rire.

Je me couchai en chien de fusil sur le côté, recroquevillée, le flingue toujours enfoncé en moi. Il s'approcha et m'écarta les jambes, ce qui ne fut pas si facile. Il récupéra le revolver. Ramassa un chemisier par terre et essuya le canon avec, toujours en riant, mais moins fort.

Je restai couchée là et l'observai, je l'observai ouvrir le barillet d'un petit coup sec. Vider des balles dans sa main – deux seulement, s'entrechoquant avec un bruit sourd.

Il rangea le revolver dans sa mallette et les balles dans sa poche. Il rebrancha le téléphone et eut une brève conversation avec Jeremy, et puis il était parti.

Je me retrouvai seule, seule avec le paquet. Il n'en restait pas beaucoup. Je fouillai un peu partout pour trouver une seringue, tout en sachant que je n'en avais pas. Mais je cherchai partout quand même. Dans tous les tiroirs et dans toutes les poches, avec une énergie frénétique. Je continuai à chercher encore et encore, même si je savais que je ne trouverais jamais ce qui n'y était tout simplement pas.

Je finis par abandonner et j'allai me coucher, en gardant le peu qui restait de cette merde pour plus tard, en me disant que j'en aurais besoin. Que ça risquait de ne pas être si facile de m'en procurer d'autre. Ou qu'il me faudrait bien quelques jours avant de pouvoir supporter ce qu'il faudrait faire pour en obtenir. Voilà à quoi ressemblait ma vie à présent, à mes yeux : me reposer puis recommencer, ce qui ne me menait nulle part de bien.

Je me reposai effectivement. Mais en piquant du nez, sans dormir vraiment. J'avais pensé que ça me consolerait. Comme à l'époque où, gamine, j'avais commencé la poudre et ça marchait si bien. Mais à présent, ça ne fonctionnait pas et je savais que ça n'avait rien à voir avec la méthode de livraison. Je savais qu'aucun de ces vieux trucs ne marcherait plus. Que Beth avait ouvert un endroit en moi que je ne pourrais peut-être plus jamais refermer.

Alors j'allai à son cabinet le lendemain, toujours défoncée et embrouillée. En vrac à cause du reste de la dope, différente, mais pas assez. Suffisamment pour qu'elle le remarque, néanmoins. Pour qu'au moment d'entrer et de m'asseoir, elle me jette un coup d'œil et dise : « Qu'est-ce que tu as ? »

Et je dis : « Hein ?

– Tu as une tête de déterrée. »

Ces remarques étaient si claires, si directes, ça ne lui ressemblait tellement pas.

Je ne répondis rien. Je restai assise là sans avoir la moindre idée de ce que je faisais ni d'où tout ça allait. J'avais juste ce désir atroce d'être dans son lit et pas dans le mien. Au point de dire : « Ramène-moi chez toi. »

Ces mots sortirent sur un ton arrogant, comme les trucs que j'avais dits à Burt. Elle paraissait perplexe. Comme si elle calculait des trucs dans sa tête. Des choses que je ne pouvais pas savoir, comme où se trouvait son mari.

Finalement, elle dit : « Très bien. »

Je ressentis une joie folle. J'étais convaincue que tout irait bien à présent, ou mieux au moins. Je savais que ça se voyait. Je savais que je souriais et visiblement ça la touchait.

On roula presque en silence. De temps en temps, elle me tapotait la cuisse comme le ferait une mère quand quelque chose ne va pas.

On arriva chez elle, et une fois dans la maison je montai les escaliers. J'avais quitté mes vêtements et m'étais glissée dans son lit avant qu'elle ne soit entrée dans la chambre. Elle resta un moment dans l'embrasure de la porte. Incapable de la regarder, je détournai la tête. Je dis : « Viens ici. J'ai besoin de toi. »

Entendre ces mots sortir de ma bouche me chamboula. Elle aussi, ça se voyait à sa façon de s'asseoir à côté de moi, toujours habillée de haut en bas et sans trop savoir si elle devait me toucher ou non.

Je la touchai. L'attirai près de moi. Me mis à l'embrasser, à tirer sur ses vêtements. D'abord sur son chemisier, puis sur sa jupe, incapable de me concentrer sur l'un ou l'autre, et puis j'étais en train de lui embrasser et de lui sucer les seins.

Alors elle s'abandonna. Je le perçus. Je sentis son corps basculer. Elle se renversa en arrière et me laissa faire, et mon énergie me surprit. Elle était si soudaine, et me donnait de la force sans que je sache d'où elle venait.

Je n'enlevai pas sa jupe, me contentant de la remonter ; j'écartai sa culotte et la pénétrai. Elle se raidit un peu, alors ce fut mon tour de lui dire de se détendre. Mais ensuite, moi-même je ne me sentais pas plus détendue non plus, ou peut-être que je n'avais jamais commencé à l'être.

Je poussai ma main en elle. Je n'étais pas certaine d'identifier ses cris, pas au début. J'avais peur de lui faire mal, sauf que clairement non.

Je ne me souvenais pas de ça, d'avoir déjà fait ça, de l'avoir vue comme ça. Elle répétait mon prénom encore et encore – mon vrai prénom. Elle ne l'avait jamais fait avant. Ou sinon, je m'étais interdit de l'entendre. Mais ça n'avait pas d'importance, pas vraiment. Sauf que si. Plus que tout.

Mais maintenant sa bouche ne laissait plus échapper que des sons dans lesquels je pouvais me perdre. Je regardais attentivement son visage. Elle jouissait. Et après elle eut l'air timide et sans défense, pelotonnée contre moi.

J'avais l'impression de la rassembler. Je l'attirai aussi près que possible, et c'était bon – que les choses soient inversées. Quelque part, grâce à ça je me sentis bien. Qu'on était bien – ensemble toutes les deux. Ensemble.

Cette sensation dura longtemps. Jusqu'à ce qu'elle bouge pour me mettre sur le dos, me regardant d'en haut. Je voulais rechanger de position, revenir à la précédente, mais quelque chose dans son regard me retint d'essayer, et à la place je fermai les yeux.

Je sentis son corps épouser complètement le mien, ses bras de part et d'autre, une cuisse entre mes jambes. Et je fus soulagée quand elle m'embrassa parce que j'avais eu le sentiment désagréable qu'elle souriait, souriait de son désir pour moi, et ça ne me plaisait pas.

Je sus ce qu'elle allait faire avant qu'elle ne commence. Avant que sa bouche ne descende le long de mon corps. Et je savais que comme ça, je me perdrais de nouveau. Qu'elle me ramènerait à cet endroit dont j'avais horreur et follement besoin.

Je ne me préoccupai plus de l'arrêter. Je laissai venir. Et soit la drogue ne faisait plus effet, soit elle ne suffisait pas. Cette grande chose hurlante et béante occupait toute la place dans ma poitrine et semblait grossir encore. Je la sentais dans mon dos, elle me faisait mal. Et pareil quand sa main vint en moi ; elle était présente là aussi. Et j'avais peur de ne pas pouvoir bâillonner les hurlements. Que ce hurlement qui résonnait dans ma tête soit plus grand que moi.

Mais les larmes qui se mirent alors à couler n'étaient pas grosses. Elles se traînaient le long de mes joues. J'enfonçai mon visage dans l'oreiller pour les cacher, mais en vain. Apparemment je ne pouvais rien cacher. Tout mon être, tout en moi, se mélangea à ce qu'elle était en train de faire, et je n'étais pas habituée à une telle fusion.

Je me mis à émettre des sons. Orgasmiques, mais pas seulement. Dégorgeant aussi ce truc hurlant, sans l'ombre d'un doute. Au point qu'elle abandonna presque ce qu'elle était en train de faire, jusqu'à ce que je lui dise : « S'il te plaît… » Et le son de ma voix hachée, hantée. J'aurais voulu parler encore, mais pas avec cette voix, pas question.

Elle me fit jouir, puis se redressa à côté de moi, et je me cramponnai à elle sans la lâcher. Elle me murmura ces choses apaisantes qui n'étaient pas vraiment des mots. Elle me tenait fermement. Je ne savais pas ce qui me brisait, je savais juste que j'étais brisée.

Et elle aussi le savait, mais l'interpréta de travers. Elle avait vu que j'étais déchirée, vu la déchirure provoquée par le flingue. Elle dit : « Chérie, que s'est-il passé ? Comment est-ce arrivé ? » Et elle avait son doigt là, à cet endroit, et elle me touchait doucement, alors Burt aussi était là. Et j'essayai de le repousser tout en la gardant elle. Ce qui était d'autant plus difficile qu'ils partageaient le même mot pour s'adresser à moi.

Comme elle à présent, qui disait : « Chérie, dis-moi. Dis-moi qui t'a fait ça. »

Impossible, bien sûr. Alors je tentai de revenir à la façon dont j'aurais géré ça avant. Je dis : « C'est juste une passe qui a mal tourné. »

Mais ma voix déraillait, comme si elle venait encore de trop loin en moi. Laissait Beth pénétrer trop loin en moi. Et libérait de nouveau cette chose hurlante. La laissait sortir, jusqu'à ce que Beth la voie, peut-être. Et peut-être l'avait-elle vue, ou sentie, car elle enleva sa main de ma joue mouillée de larmes et la posa sur ma poitrine. Se mit à me caresser là. Si doucement, et elle continua ainsi jusqu'à ce que mes larmes se remettent à couler.

Et elle resta toujours régulière et lente quand je ne pus plus me contenir. Quand cette chose hurlante me submergea. Quand ça s'empara de moi, ou elle. Quand elle s'engouffra dedans. M'engouffra dedans. Jusqu'à ce que la chose soit moi tout entière.

27

Je passai la nuit avec elle. Enfin presque toute la nuit. Elle me réveilla avant le lever du jour, ce qui pour moi n'était pas de très bon augure. Quelque part, si on ne se réveillait jamais ensemble le matin, en pleine lumière, c'était un peu comme si ce qu'il y avait entre nous resterait à jamais un peu irréel, ou dans un endroit séparé.

Elle me reconduisit chez moi dans la pénombre de l'aube, et je pensai : comment fera-t-on pour continuer à se fixer rendez-vous au crépuscule quand les jours rallongeront ? Quelle conséquence cela aura-t-il ? Alors depuis cet endroit mort qui était encore l'hiver, je demandai : « Où es ton mari ? »

Je fus surprise par ma question et par ce qui la motivait. Elle parut perplexe. Je pensai réellement qu'elle se demandait si d'un point de vue éthique elle pouvait me parler de ses problèmes. Que ça retarda sa réponse. Ça paraissait à la fois ridicule et gentil.

« Il a quitté la maison pour un temps. On avait tous les deux besoin d'être un peu seuls. »

Elle le dit comme si ça n'avait rien à voir avec moi, et c'était peut-être le cas. C'était crédible, a priori. Je me demandais si elle y croyait, elle, ou si elle essayait seulement.

Une fois chez moi – seule dans mon lit – je n'y croyais plus du tout. Je voyais juste que j'avais foutu un autre mariage en l'air. Mais ce genre de réflexion paraissait dangereux. Comme si le trou qui grandissait en moi, dont les contours se craquelaient de plus en plus, ne s'arrêterait pas de grossir avant de m'avoir submergée. Et je voyais bien qu'il faisait aussi des trous chez d'autres personnes, chez Beth. Ça lui trouait la vie à elle aussi.

J'envisageai d'appeler Burt, car pour l'instant la drogue semblait être la réponse. Cette drogue en particulier. Mais impossible de l'appeler, je n'avais ni son numéro ni la moindre idée de son nom de famille. J'allais donc devoir affronter Beth encore une fois, avec ce que j'avais appris de neuf et sans béquille.

Peu après, je me mis à boire. Ça ne me réussit pas très bien. Ça me rappela juste que j'avais besoin de tellement plus pour m'en sortir. Néanmoins, ça réussit dans le sens où je restai chez moi. À ma place, selon moi : dans la baignoire, entourée d'eau chaude, avec un verre posé sur le rebord et la bouteille par terre à portée de main.

J'avais même emporté le téléphone, ce qui me rappela que Beth n'avait pas évoqué le fait d'avoir parlé à Burt. À ce signal ou presque, le téléphone se mit à sonner, et j'eus peur de répondre.

Je le laissai sonner longtemps, et quand je décrochai, différentes voix se bousculèrent dans ma tête. Du coup, j'eus du mal à reconnaître la voix réelle à l'autre bout du fil.

« Nina ? Nina, il sait que tu as appelé. Ça fait deux jours que j'appelle mais tu ne réponds jamais. »

« Ingrid », dis-je, et une sorte d'effroi s'insinua subrepticement en moi, ou à travers les vapeurs de l'alcool.

– Écoute-moi maintenant. Tu n'es plus en sécurité.

– Tu as appelé hier ? demandai-je avant de me rendre compte que je me trompais de jour.

– J'ai appelé. Tu étais là ?

– Quoi ?

– C'était qui ? L'homme, c'était qui ? J'ai eu l'impression de le connaître. Je connais cette voix. »

Petit à petit, je compris que c'était elle qui avait appelé l'autre nuit. Et au lieu de m'inquiéter, je m'attristai – ce n'était donc pas Beth. Je restai là à me dire qu'elle avait peut-être appelé plus tard. Ça me bouffait la tête tandis qu'Ingrid répétait sans arrêt : « Nina. Nina, écoute-moi attentivement maintenant. »

Je n'écoutai pas vraiment. J'en étais incapable. Même si quelque chose en moi s'était mis en mouvement. J'étais en train de sortir de la baignoire. Je fis tomber le verre par terre, puis le ramassai. Je l'emportai dans le salon, avec la bouteille, le téléphone et un peignoir, car la chambre paraissait trop sombre et trop moche.

Je m'assis sur le canapé en m'efforçant de piger ce qu'elle était en train de dire. Mais tout ce que j'entendais, c'était ce prénom que je lui avais donné, répété encore et encore. Puis j'arrêtai de me battre pour entendre le reste, parce que, avais-je le choix ? Et une fois que j'eus arrêté d'essayer, je commençai à la comprendre et je ne comprenais que trop bien.

« Nina, il se peut qu'il vienne te chercher. Je ne sais pas ce qu'il va faire.

– Il ne sait pas où je suis. »

Elle tarda à répondre. Et je savais qu'il aurait pu me trouver sans elle. Ça ne me gênait pas non plus qu'il vienne me chercher. Ce qui me dérangeait, c'était de savoir qu'elle m'avait livrée clé en main.

Ce n'était pas nouveau, je m'en rendais compte, alors ma douleur me surprit. Apparemment, c'était toujours les mauvais trucs qui me faisaient souffrir. Ils accaparaient trop mon attention et m'empêchaient de me concentrer sur les moyens de me protéger.

Elle finit par dire : « Nina, il te trouvera s'il le veut. »

Et avec ton aide – voilà ce que j'avais envie de dire, mais ce qui sortit effectivement de ma bouche me retourna la tête. Je dis : « Je veux te voir, Ingrid. J'ai besoin de te voir.

– Mon cœur, c'est la dernière chose à faire.

– Je pourrais venir, dis-je. Il ne s'attend sûrement pas à ça. »

Je ne savais pas pourquoi je disais tout ça. Ni d'où ça venait, sauf peut-être que rien ne m'effrayait autant ces jours-là que ce que Beth suscitait en moi. Et puisque de toute façon ça vivait en moi tout le temps, comment autre chose pouvait-il me faire mal ?

« C'est trop dangereux, répliqua-t-elle catégoriquement. Les choses ne feraient qu'empirer.

– Mais… », commençai-je, sans poursuivre. Je savais qu'il y avait des chances que je ne la revoie plus jamais. Que si j'étais trop bête ou trop désespérée pour me protéger toute seule, elle ne s'en mêlerait pas. Elle se protégerait elle. Elle avait toujours été plus douée que moi pour ça.

Je m'enveloppai mieux dans le peignoir. Je dis : « T'en fais pas. Je sais que t'as raison. » Puis, sans un mot de plus, sans dire au revoir, je raccrochai.

Le téléphone ne sonna plus, même si, confusément, j'aurais bien aimé. J'allai dans la chambre, ouvris le tiroir avec l'argent. Il en restait encore beaucoup, même peut-être assez pour foutre le camp, sauf que je savais que je ne le ferais pas.

À la place, je m'habillai. En partant vite, j'avais le temps de passer au bar avant de voir Beth. J'y allai mais ne trouvai pas Burt et Jeremy. Je me résolus à acheter un sachet à un mec au bar et à en fumer sur place dans les toilettes. Je pensais que ça me mènerait plus loin que sniffer. Mais non. Pas vraiment. Mais ça me mena chez Beth. En retard de nouveau et pas exactement en bon état.

Je tentai de me rappeler où on en était restées elle et moi. Je me souvenais juste qu'elle m'avait raccompagnée en voiture. Maintenant que j'étais là avec elle, je n'arrivais pas à situer ce qui s'était passé avant. Mais quelque part je devais le savoir, puisque je fus incapable de m'asseoir pendant très longtemps. Ça faisait un moment que ce petit jeu ne s'imposait pas. C'était devenu une simple habitude.

Quand je finis par m'asseoir et la regarder, je lus sur son visage une inquiétude réelle et une tendresse qui me donnèrent envie de cracher tout ce qui se passait en moi et autour de moi. De me servir d'elle comme j'aurais dû le faire depuis le départ. Mais mes facultés de prendre soin de moi étaient tellement déréglées que je restai prudente.

À la place, j'eus l'idée de me servir de sa maison comme planque. Si je pouvais passer mes nuits là-bas, il me trouverait peut-être moins facilement.

Quelque chose en elle rendait cette option impossible. Sans que je puisse déterminer quoi au juste. La drogue me donna le courage nécessaire pour ignorer cet état de fait. À part ça, elle ne me faisait pas beaucoup d'effet. Et tout en sachant que le mode d'administration n'était pas en cause, ça ne voulait pas dire que je n'y retournerais pas pour en acheter plus.

Je patientai, j'attendis qu'elle dise quelque chose. Elle avait l'air fatiguée, au point que je me demandai si elle avait vraiment passé sa journée là à bosser. Ou si comme moi elle avait passé la journée ailleurs et venait juste d'arriver.

Je cherchais toujours une ouverture – un moyen de lui demander d'aller chez elle. N'en trouvant aucune, ma pensée déborda ses raisons à elle, et les miennes m'apparurent clairement. Je ne pouvais pas la mêler à ça. Je ne pouvais pas la mettre en danger, et s'il me trouvait là-bas ? Ce qui m'amena au problème suivant : où aller ? Impossible de l'emmener chez moi, c'était clair, et je ne pouvais pas lui dire pourquoi, et rester là paraissait trop inconfortable.

J'étais perdue dans mes pensées tandis qu'elle gardait toujours le silence. Complètement larguée dans mon propre crâne, alors quand elle finit par parler, je ne l'entendis pas. Je ne savais même pas qu'elle s'était penchée vers moi. Jusqu'à ce qu'elle me tapote le genou. Alors je remarquai la proximité de nos chaises. Je m'arrêtai à cette constatation, me demandant à quel moment elle les avait bougées. Puis elle me prit la main et dit : « Hé, tu es là ? Tu m'entends ?

– Ouais », fis-je, persuadée de paraître convaincante.

« Tu as pris quelque chose ? »

Je trouvai la question ridicule. Hier, ça ne l'avait pas dérangée. Hier, ça lui avait plu que j'aie pris de la merde. Elle avait apprécié ma manière de la baiser.

Je retirai ma main et croisai les bras sur la poitrine. Je dis : « Chérie, je suis toujours défoncée à quelque chose. Putain, ça te plaît comme ça. »

Elle se recula aussi. Elle avait l'air piquée au vif et déçue, et moi aussi j'étais déçue – au fond de moi, à cause de mes gamineries.

Elle regardait par la fenêtre, quoique pas vraiment, puisque le store était tiré. Comme sans le vouloir, je m'étais levée. Pas pour la fuir, mais pour m'approcher d'elle. J'étais à genoux devant elle. J'avais pris sa main. « Je suis désolée, dis-je. Je ne le pensais pas. »

J'avais l'autre main posée sur sa cuisse, d'abord sur sa jupe, puis en dessous. Je la caressai, en remontant légèrement sa jupe.

Je glissai ma main entre ses jambes en faisant un gros effort pour me montrer aussi douce qu'elle l'aurait été. Elle ne me regardait toujours pas, alors je détournai les yeux moi aussi. Remontai un peu plus sa jupe et défis juste un bas. Je le fis glisser et me mis à embrasser sa cuisse. Je me sentis mieux quand elle passa ses mains dans mes cheveux. Quand elle se laissa aller en arrière, se laissa aller tout court en écartant davantage les jambes.

Je lui enlevai sa culotte. J'enroulai mes bras autour de ses hanches et l'attirai plus près. Puis je l'embrassai et la léchai jusqu'à ce qu'elle laisse échapper des sons. À partir de là, j'arrêtai de m'inquiéter.

Quand elle eut joui, je restai à genoux, les bras toujours autour d'elle. Elle ne bougea pas. Elle resta immobile, les jambes enroulées autour de moi. C'était réconfortant, jusqu'au moment où ça parut trop près. Mais ensuite elle me prit les mains et m'attira sur ses genoux, face à elle. À présent, elle paraissait en savoir plus sur ce qui se passait en moi que moi-même, voire plus que je n'en saurais jamais.

Elle tenait ma tête entre ses mains. Sa façon de me regarder m'était inconnue. Elle voyait en moi quelqu'un que je ne connaissais pas. Je la dévisageai avant de fermer les yeux. Je le fis quand elle m'embrassa, d'abord près de ses mains, puis dans le cou. Elle finit par m'embrasser sur la bouche et j'ouvris la mienne, la tête renversée en arrière dans ses mains qui me caressaient la nuque, puis l'une d'elles, déboutonna mon chemisier.

Mon corps se crispa avant de se détendre, aussitôt après elle voulut se lever. Au début, je ne compris pas pourquoi. Elle dit : « Viens chérie. »

Elle m'avait pris la main et me guidait hors du bureau vers la salle d'attente et son canapé grand et large sur lequel je m'étendis.

Allongée à côté de moi, elle me caressait la poitrine. Elle posa sa main étale entre mes seins et l'y laissa assez longtemps pour que les sensations que je connaissais viennent se nicher en dessous. Je pris une inspiration qui me dispersa. Me laissa tremblante et en demande, beaucoup trop.

Elle avait fini de déboutonner mon chemisier. S'était attaquée à mon pantalon. Tout ça si lentement. On aurait dit que plus elle me touchait, plus j'étais en demande. Puis sa bouche remplaça ses mains, et je n'avais jamais rien senti d'aussi moelleux que ce canapé. Il épousait la forme de mon corps, alors je restai ainsi, ma respiration devint profonde et irrégulière, et je redoutai ce que cela pouvait mettre à nu par ailleurs.

Je voulais la toucher, mais mes bras ne répondaient pas. Je les laissai de part et d'autre de mon corps pendant qu'elle me faisait tout ça. Pendant qu'elle continuait de me caresser, mon ventre, puis entre les jambes – avec ces gestes apaisants qui me frappaient de stupeur. Et quand ses doigts me pénétrèrent, ce fut en douceur et pas longtemps, puis ils me pénétrèrent encore. Je savais que je n'avais jamais connu ça, pas comme ça. Que si j'avais pu demander, si j'avais été en mesure de parler, je lui aurais demandé d'arrêter.

Ma respiration haletante virait au sanglot, je ne voulais pas qu'elle s'en aperçoive. Qu'elle sache ça sur moi, sauf qu'elle savait déjà. Elle savait mieux que moi ce dont j'avais toujours eu besoin.

Je lâchai prise, sans plus tenter de stopper quoi que ce soit. À la place, je me laissai gémir et hurler et, quand je voulus me mettre en boule, elle pesa sur moi de tout son poids. M'immobilisa et m'en empêcha. Me donna un orgasme de cette façon que j'étais incapable de distinguer du reste. Ça faisait partie du reste. Ou ne faisait qu'un avec ce chaos hurlant.

Après, sa main était si profondément enfoncée en moi, son corps ramené si près du mien, collé, et je sentis que mes mains tenaient la sienne, celle qui me pénétrait. Je sentis mes jambes s'ouvrir tandis que je maintenais sa main en moi, et elle se contentait de répéter : « Tout va bien, chérie. Tout va bien maintenant. »

Elle le dit encore et encore jusqu'à m'en convaincre. Puis je lâchai sa main et empoignai son corps, l'attirant vers moi. J'enroulai mes jambes autour d'elle et cela me renvoya à cet endroit hurlant, mais elle continuait de me parler, et je pouvais entendre. L'entendre être là-bas avec moi.

Elle me répétait que tout allait bien. Elle le disait avec amour, pas de doute, et je l'aimais moi aussi. Je l'aimais tellement à ce moment-là que c'était comme si rien ni personne ne pourrait plus me faire de mal. Comme si ce sentiment pour elle lavait ce vaste endroit monstrueux qui avait toujours été si douloureux, douloureux depuis ma naissance.

Le problème, c'était comment se relever d'une chose pareille. Apparemment, Beth resterait avec moi aussi longtemps que nécessaire, et même plus. Apparemment, c'était moi qui allais devoir mettre un terme à ça.

Quand le jour se leva, je m'inquiétai pour ce qui, à mes yeux, devait l'inquiéter, comme l'arrivée au matin des autres personnes qui bossaient là.

Mais elle ne s'en soucia pas, alors je me rendis compte que j'avais complètement perdu la notion des jours et des semaines. On devait être le week-end. Je ne m'expliquai pas son calme autrement.

Je me réveillais et me rendormais, mais à chaque fois que j'ouvrais les yeux elle était là, réveillée, ses bras autour de moi – on était serrées l'une contre l'autre et de temps en temps elle me caressait les cheveux.

Sa patience infinie mettait la mienne à l'épreuve. Me questionnait : voulais-je rester ou partir? Et me poussait à déterminer ce que je pouvais bien vouloir d'autre d'elle, parce qu'apparemment il y avait autre chose. En un sens, même cela ne suffisait pas et ne suffirait jamais.

Je m'enfonçai de nouveau dans ses bras, puis dans le sommeil, un endroit d'où, me disais-je, je pourrais faire l'impasse sur ça. Sur le fait que quoi qu'il arrive je serais toujours en demande. Ce manque semblait s'étirer à l'infini puis rebrousser chemin. Il se mêlait à un besoin qui venait avant et devant tout le reste et qui ne me quittait pas, implacable, perpétuellement insatisfait.

Je dormis effectivement, mais pas d'un sommeil profond. Pas de ce sommeil noir et vide que je convoitais. Je me réveillais sans cesse, comateuse. Faisais semblant de dormir quand je n'y arrivais plus pour de vrai. Et ce que je désirais à ce moment-là, c'était qu'elle s'endorme. Qu'elle sombre dans le sommeil pour que je puisse filer en douce.

Or non. Elle resta éveillée sans montrer aucun signe de fatigue. Elle ne bougeait pas et prenait tendrement soin de moi, jusqu'à ce que l'impatience gagne mon corps.

Je me demandais si l'aimer pouvait combler mon manque, alors je m'y attelai, sans conviction. Je me retournai vers elle car elle s'était installée derrière moi. Je commençai à l'embrasser avec douceur, mais elle ne se départit pas de son calme. Cela faisait des heures qu'elle prenait tout avec calme.

Elle me tranquillisa. Elle dit : « Chérie, repose-toi. » Et à ces mots, mon impatience céda la place à de la tristesse ; qui n'était ni vaste ni dévastatrice, mais tranquille et sans âge. Son calme à elle me gagna, ainsi que les larmes que je versais dans son chemisier – j'étais dans ses bras. Je pleurai facilement cette fois, silencieusement, paisiblement et interminablement.

28

Quand je finis par m'en aller, elle ne me raccompagna pas. Je partis seule. Je rentrai à pied, et,en cette fin d'après-midi, je sentis que j'avais changé. Même si j'étais consciente que ça ne durerait pas. Qu'à chaque pas je m'éloignais de moi-même. Ou restais avec elle. Je pensais pourtant qu'un petit quelque chose m'en resterait, qui me montrerait peut-être la voie pour m'en sortir.

En même temps, je savais que la route serait longue pour moi et que je n'y arriverais peut-être jamais. Que je ne surmonterais peut-être pas ce qui m'attendait avant. Je voyais le bout du tunnel, mais j'en étais loin.

Je pensais à ça en arrivant chez moi. Je pris un bain, allai me coucher et dormis. De ce sommeil noir que je convoitais tant. Et à mon réveil, le lendemain, dimanche, je me sentais encore un peu différente. Pas tant par la présence de quelque chose que par son absence. Les choses qui m'enfonçaient avaient un peu relâché la pression.

Je restai au lit. Je flemmardai en dormant à moitié. Et quand j'entendis frapper à la porte, j'allai ouvrir en tee-shirt et en culotte tellement j'étais sûre que c'était Beth.

Ils se précipitèrent tous ensemble à l'intérieur. Jeremy m'attrapa. Pendant un moment mon corps resta lourd – un poids mort dans ses bras –, avant que je commence à me débattre. J'entendis son petit rire dans mon oreille et ses bras me serraient de plus en plus fort, puis il me jeta à plat ventre sur le lit.

Je ne levai pas la tête. Pour ne pas voir. Mais il me tirait la tête en arrière par les cheveux, donc soit j'acceptais de la lever, soit la douleur augmentait.

Burt se tenait devant moi. Avec le flingue de l'autre fois à la main, un sourire aux lèvres. Il dit : « Tu veux un truc à sucer ? On dirait que t'as envie de sucer quelque chose. »

Il m'enfonça le revolver dans la bouche, si loin qu'il m'érafla la gorge. J'étais sonnée, j'avais la tête lourde, Jeremy la soulevait, ça faisait mal et me tenait éveillée. Sauf que je ne voulais pas être éveillée.

Je sentis Jeremy changer de position. Il mit son bras sous moi. Il me souleva pour me mettre à genoux, et je chancelai sur le lit trop mou. Son corps pesait derrière moi, pressé contre moi, et je m'appuyai contre lui pour retrouver mon équilibre.

Mon mouvement fit ressortir un peu le flingue de ma bouche, et Burt m'attrapa à son tour par les cheveux. Il en empoigna une grosse touffe, la douleur se fit plus sourde, mais au moins Jeremy ne tirait plus.

Burt dit : « Vas-y, chérie. Montre-moi quelque chose. Montre-moi ce que tu sais faire le mieux. »

J'essayai. Mais apparemment mon corps m'échappait, incontrôlable. Ma bouche autour du revolver était devenue toute molle. Le goût du métal et l'éraflure au fond de ma gorge me faisaient horreur. Je n'arrêtais pas d'essayer de remédier aux deux. Sans grande conviction. Ma bouche ne se refermait pas sur l'arme comme il le souhaitait.

J'avais envie d'expliquer. De lui dire que je ferais ce qu'il disait si seulement on m'en laissait la possibilité. Mais je ne pouvais pas parler non plus.

Il dit : « Suce-le maintenant, ou je te flingue. »

Jeremy m'aida. Il avait glissé sa main libre dans ma culotte et me branlait, ce qui me procura une étrange impression de sécurité. Une sensation, à part celle d'être déjà morte.

Je me retrouvai à bouger mes hanches dans un mouvement de va-et-vient contre lui. Et puis avec lui. Je m'engouffrai dans cette voie et suçai le flingue. Je bougeai la tête d'avant en arrière avec l'aide de Burt, qui faisait entrer et sortir le revolver de ma bouche. Tout en me maintenant la tête levée.

« C'est bien, dit-il. C'est ça. » Et la douceur nouvelle de sa voix me communiqua comme une sensation de bien-être, déplacée et dégueulasse, je le savais, mais pas moins rassurante. Et je me sentis donc comme ça : rassurée mais écœurée, écœurée de voir comment ces deux choses allaient si souvent de pair.

Ça n'en finissait pas. J'avais fermé les yeux pour mieux sentir ce que faisait Jeremy. Pour oublier un peu ce que je faisais pour Burt. Mais, comme conscient qu'il ne monopolisait pas mon attention, il m'enfonça brutalement le revolver et me déchira toute la bouche. Puis il me tira par les cheveux d'un coup sec alors je le regardais droit dans les yeux.

Il sortit le flingue de ma bouche et le fit glisser le long de ma joue, puis sur mes lèvres. Avant de le rendre à Jeremy. Sans les mains de Jeremy, mon corps redevint tout mou et mes bras me firent soudain atrocement souffrir. J'étais en train de m'affaler vers l'avant mais Burt me releva la tête en me tirant brusquement par les cheveux.

Il avait défait son pantalon. « À toi de jouer, chérie », dit-il en me fourrant sa bite dans la bouche. Douce et petite, c'était comme si elle ne pourrait jamais me faire aussi mal que le flingue. Et j'étais soulagée que le revolver soit entre les mains de Jeremy, jusqu'au moment où il le mit entre mes jambes et le promena d'avant en arrière.

« Tu veux que Jeremy te baise ? Je crois que ça fait un moment qu'elle en a envie. »

Jeremy se contenta de frotter le revolver contre moi pendant un petit moment. J'avais mal aux jambes, et partout ; ça me brûlait. Mais je brûlais d'autre chose aussi – Burt avait raison. Alors quand Jeremy me pénétra avec le flingue, je ne savais pas ce que je voulais ni où j'étais en moi. Mais tout bascula quand il le retira. Quand Burt dit : « Encule-la. » Alors cette douleur aiguë et déchirante me propulsa en avant.

J'aurais hurlé. Je le fis peut-être, mais la bite de Burt étouffait tout, sauf cette douleur violente qui persistait. J'attendais qu'elle diminue. L'extrême mollesse de mon corps céda la place à la réaction inverse. Une tension impossible à juguler, doublée de l'impossibilité de stopper cet objet métallique et pointu qui me transperçait.

Burt était toujours debout et riait un peu. Il dit : « Tu vas bien me sucer, chérie. Tu me comprends ? »

Et ses paroles le firent bander un peu, je n'y étais pour rien, je le savais. Je savais aussi qu'il me demandait l'impossible. Que son érection ne durcirait pas plus et qu'il éjaculerait encore moins. Alors je ne perçus que trop clairement la beauté de ma situation.

« Tu comprends ? répéta-t-il. Parce que sinon, Jeremy appuie sur la détente. »

Sans me lâcher les cheveux, il continua : « Ça te plaît, pas vrai chérie ? De savoir que le barillet est plein ? Ça suffira pour te satisfaire ? Hein ? Réponds-moi. »

Il hurla ça plusieurs fois en tirant toujours sur mes cheveux. Pour me forcer à hocher la tête et approuver. Et Jeremy y allait plus fort aussi, m'enfonçant le canon toujours plus profond : la douleur à l'intérieur ne diminua jamais. Et la même lourdeur horrible envahit ma poitrine. Me poussant vers le lit. Du coup, les deux tiraient et poussaient de plus belle, ou en tout cas, niveau sensations, c'était pire.

Et au moment où je me disais que ça ne s'arrêterait jamais, Burt se mit à rire. Pas discrètement, fort. Comme si le tour qu'il m'avait joué était encore meilleur que je ne l'avais pensé. Puis il rangea sa bite dans son pantalon et remonta sa fermeture éclair, et quand je m'écroulai sur les coudes, il se pencha pour me caresser la joue. Son rire s'était transformé en petit gloussement. Je le vis aller dans le salon, s'installer sur le canapé, mon téléphone à la main. Je l'observai gérer sa prochaine affaire.

Jeremy retira le revolver de mon cul, la lenteur de son geste n'épargna pas la déchirure, et la douleur me fit tourner brusquement la tête. Je remarquai pour la première fois que l'autre était dans la chambre. Le type de la voiture qui avait passé son temps à poireauter dans des parkings et qui avait aussi attendu la fin de ça. Mais avant d'avoir le temps de me demander ce que son infinie patience pouvait signifier pour moi, Jeremy m'attrapa de nouveau. Je compris alors assez clairement qu'ils étaient très loin d'en avoir fini avec moi.

Jeremy posa le flingue près de ma tête. Il resta là comme sans vie, laissant une petite traînée de sang sur le drap. Moi aussi je me sentais sans vie. Un court instant de douceur avant que Jeremy ne me pousse en avant pour me pénétrer. Pour me fourrer sa bite dans le cul. Un brusque accès de douleur rendit mon corps inerte trop vivant. Je savais que ça ne rentrerait pas, soit malgré moi, soit parce que j'en étais incapable. Il n'y avait tout simplement pas assez de place en moi.

Mais il s'obstina. Pendant un temps infini, au cours duquel je m'étais résignée à pleurer. Ça se passait quelque part à l'intérieur de moi, alors qu'extérieurement je ne sentais ni larmes, ni cris, ni mouvements, seulement les hoquets incontrôlés de mon corps épuisé. Qui réagissait. Sans que je sois sûre de ressentir quoi que ce soit.

Et après, j'avais eu un moment d'absence, car tout d'un coup les bras de l'autre type m'entouraient. Il était derrière moi et j'étais appuyée contre lui. Il avait ses mains dans mon tee-shirt et je l'entendis me chuchoter, d'une voix que je n'avais jamais entendue : « Je vais te plaire. Tu vas voir. »

Et je me demandai si j'étais seule, avant d'ouvrir les yeux et de noter la présence de Jeremy sur le lit. Il avait toujours le revolver. Il continuait de me baiser avec, mais je ne pouvais qu'observer. Je n'avais aucun autre moyen de savoir que c'était en train d'arriver.

Ma tête se renversa en arrière contre l'autre, ce qui parut lui plaire. Je sentis sa barbe de plusieurs jours me griffer la joue et ses mains qui jouaient encore avec mes seins. C'était comme si ça m'était encore plus difficile que tout le reste.

J'essayai de me reposer. Je me sentais si fatiguée. Je refermai les yeux, mais il me fallut un moment pour débrancher. Pour ne plus sentir les caresses du type derrière moi.

J'avais dû réussir à un moment où à un autre, car je me réveillai en sursaut en sentant une entaille sur mon ventre, immédiatement suivie d'un engourdissement au même endroit. J'ouvris les yeux pour voir Jeremy lécher un peu de coke sur mon ventre. Une petite zone mouillée par sa langue était redevenue sensible. Selon toute apparence, et mon apparence, il faisait ça depuis un moment. Une multitude de petites entailles faites avec son couteau me striaient le ventre. La dernière était juste assez profonde pour m'impressionner.

Pour que la cocaïne se répande à l'intérieur et forme une mélasse rosâtre.

Il me remarqua. Il lécha la lame de son couteau, puis remit de la coke dessus. Il me le tendit en m'ordonnant d'en prendre. « Faut que tu te réveilles », dit-il.

Je détournai brusquement la tête mais le type derrière moi me stoppa, m'immobilisa pour me forcer à sniffer. Jeremy essuya la lame sur ma joue. Puis sur mon tee-shirt, qu'ils avaient apparemment découpé en morceaux. Il gisait près de moi, en lambeaux.

Jeremy se fit quelques lignes sur mon ventre, puis étala ce qui restait sur les petites plaies. Il rangea son couteau, et, au lieu de me réjouir, ça me ficha la frousse parce qu'il se levait pour rejoindre Burt dans l'autre pièce. Me laissait seule avec le dernier.

Jeremy ferma presque entièrement la porte en sortant. Je l'entendais parler avec Burt mais pas de moi, je crois. Le dernier type bougea pour se placer en face de moi, et je tombai en arrière jusqu'à ce que le lit m'arrête, puis le mur. Le choc de ma tête contre le mur me réveilla plus que la coke.

Il était assis sur ma poitrine. Une main sous ma nuque, il me soulevait la tête vers son entrejambe. Il pressa mon visage contre lui pendant un moment. Se frotta contre moi jusqu'à ce que je le sente se durcir à travers la fine toile de son pantalon.

Il sortit sa bite et la frotta contre mon visage, la douceur de sa queue doublée de celle de son pantalon intensifia par contraste la douleur de la griffure de sa fermeture éclair.

Tout ça paraissait presque gentil, alors quand il se mit à hurler, je fus prise de court. Je ne savais pas ce que j'avais fait. J'avais du mal à comprendre les mots qu'il disait. Ils semblaient jaillir de sa gorge par paquets, et je n'en saisis que des bribes jusqu'à ce qu'il hurle : « Ouvre ta putain de bouche. »

Puis ses doigts l'ouvrirent à ma place, de force. Et une fois sa bite dedans, il me baisa la bouche tellement fort que ma tête cognait contre le mur. Je me laissai glisser plus bas pour arrêter ça. Pour faire cesser le martèlement de mon crâne contre la paroi, pas pour m'écarter de lui. Mais mon mouvement avait fait sortir sa queue de ma bouche.

C'est là qu'il devint méchant. Il enleva la ceinture de son pantalon, la plia en deux et me gifla avec. J'entendais le claquement, et lui qui hurlait, hurlait : « Ah, avec eux tu veux bien, c'est ça ? Mais pas avec moi. »

Il continua à vociférer comme quoi je ne le trouvais pas assez bien pour moi, et je voulais lui répondre que pas du tout. Que j'étais juste très fatiguée. Que s'il me laissait me reposer, juste un instant, je ferais tout ce qu'il voulait.

Mais parler me dépassait. J'en avais perdu la faculté longtemps avant qu'il ne m'éclate les lèvres avec sa ceinture.

Finalement, il arrêta de me gifler. Il me passa la ceinture autour du cou exactement comme le mari d'Ingrid. Il voulut m'attacher les mains avec, mais son tour de taille n'était pas assez grand, donc sa ceinture pas assez longue, ce qui redoubla sa fureur. Il tira dessus, me forçant à me redresser, avant de la lâcher et de descendre du lit.

Il passa en revue tous les vêtements encore entassés par terre. Il revint avec la ceinture d'un peignoir qu'Ingrid avait emprunté lors de son séjour ici. Elle était bien assez longue, et faite d'un tissu synthétique élastique et rêche qui lui facilitait la tâche et compliquait la mienne. D'autant plus qu'il me lia les pieds et les poings avec.

Je ne m'étais encore jamais retrouvée exactement dans cette position. Et quand il me retourna sur le dos, je dus me contorsionner pour dégager un peu mon cou – le lien me serrait sans répit, quoi que je fasse.

Je repliai les jambes sous moi, ou plutôt les pieds. Les serrant l'un contre l'autre, mais les jambes bien écartées devant lui. Je me redressai à la force des cuisses, dont les muscles endoloris se rappelèrent à mon bon souvenir avec une douleur cinglante.

Rien ne fonctionna. Mes poignets étaient trop près de mes chevilles et le mou dans la ceinture au mauvais endroit. Et ça tirait toujours sur mon cou, presque sans arrêt, même quand je remontai les mains vers mes omoplates. J'essayais sans arrêt de me redresser pour me libérer. Mais sans succès, et il appuyait sur mes jambes puis les écartait de force, m'obligeant à céder et à attendre.

Impossible de ne pas le sentir me baiser. D'autant plus que j'avais recouvré les sensations dans les jambes. Je sentais tout – la morsure du tissu aux poignets et aux chevilles, ma gorge étranglée, ce qui avait pour seul avantage de m'empêcher de crier. J'y voyais une petite victoire jusqu'à ce que je comprenne que ça lui rendait service.

Il continua à me pilonner jusqu'à ce que, malgré toutes les entraves, je m'engourdisse, ou c'était peut-être juste que mon sang ne circulait plus. Qu'il ne pouvait plus passer sous le garrot.

Quand il se retira, je voulus me mettre sur le côté pour me détourner de lui, mais il était sur moi de nouveau et m'éjacula sur la poitrine et sur le visage. Puis il partit. Je me pelotonnai dans le mauvais sens. Bras et jambes dans le dos plutôt que remontés devant moi. J'avais des haut-le-cœur, je voulais cracher mais ma gorge restait trop sèche. Je tournai la tête dans les draps pour essuyer son foutre. Je tournai et retournai ma tête dans les draps.

Et je tendais l'oreille, aussi. J'entendais du remue-ménage et leurs voix, je voulais que ces bruits affairés annoncent leur départ.

Mais avant de partir, ils repassèrent me voir. Burt dit : « Une dernière petite chose, chérie. » J'avais toujours détesté qu'il m'appelle comme ça, mais je détestais encore plus maintenant que je venais de m'autoriser à penser à Beth.

Burt dit : « Gabriel veut un petit trophée. »

Je vis que Jeremy avait sorti son couteau. Je me mis à me débattre tout ce que je pouvais. Avant de penser au mari d'Ingrid qui les avait envoyés – ce que de toute façon je savais apparemment depuis le début.

« Il veut avoir la preuve de notre visite. »

Même si j'étais encore attachée, ils durent s'y mettre à trois pour me maîtriser. Jeremy fit courir ses doigts sur ma toison, il la lissa avant de tirer dessus. Avant que Burt ne dise : « Je comprends pourquoi il veut ce bout-là. »

Je me remis à lutter mais intérieurement seulement. Je ne voulais pas qu'ils me coupent ce bout de chair dont je venais de me rendre compte que j'étais fière.

Il tirait toujours dessus, puis il frotta mon clito. Il dit : « Je crois que je veux ça pour moi. » Et une terreur excitée, triviale et vide s'immisça dans ma poitrine et couru dans ma tête, m'empêchant de débrancher.

Il rit puis tira encore sur ma toison. Il dit : « T'en fais pas, mon cœur. On ne va pas t'enlever la seule chose dont tu aies besoin. »

Je ne bougeai pas quand il coupa. Ça brûla, une sensation de chaleur, mais peut-être était-ce mon sang. Son geste fut rapide, efficace. Et après, je tombai à distance d'eux.

Il coupa la ceinture et je me mis aussitôt en boule. Me faisant aussi petite que possible, je restai couchée là, sans pleurer, sans rien enregistrer. Sauf les derniers mots de Burt : « Voilà ton souvenir. Je me suis dit que tu l'avais mérité. Ma pauvre chérie, je crois que tu vas en avoir besoin dans pas longtemps. » Et il lança une balle dans ma direction. Elle rebondit sur mon dos avant de tomber quelque part derrière moi.

29

Quand je me réveillai de cette stupeur, je sus qu'ils étaient partis. Je ne bougeai pas pour autant. Je me rendis compte que j'en étais capable mais n'en fis rien. Je ne voulais pas regarder ce qu'ils avaient fait. J'avais roulé les draps en boule entre mes jambes et ne voyais que du sang.

Quand je finis par désemmêler mes bras et mes jambes, ce n'était pas aussi terrible que je l'avais pensé. Ils avaient prélevé une bandelette sur le côté, mais pas tout. Cependant, une fois dans la salle de bains, dans la baignoire, l'eau me brûla. La plaie ne s'était pas arrêtée de saigner alors l'eau vira d'abord au rouge, avant de s'éclaircir et d'adopter au fur et à mesure que la baignoire se remplissait autour de moi une teinte rose pâle.

Je restai là jusqu'à ce que la peur me saisisse à nouveau. Je sortis précipitamment de la baignoire, et dans ma hâte je mis de l'eau partout. Je trouvai une serviette dans le lavabo. Ils avaient dû s'en servir parce qu'elle était maculée de traînées brunâtres. En voyant ça je la lâchai, mais ensuite je la ramassai car je tremblais trop pour bouger et en trouver une autre.

J'allai dans la chambre, mais tout m'y rappelait ce qui s'était passé et j'avais terriblement besoin de l'oublier. J'avançai en trébuchant et en heurtant des objets jusqu'à ce que je trouve mon peignoir, puis le téléphone – posé sur la table basse, à côté d'un cendrier, de deux verres et d'une bouteille de vodka qu'ils avaient entamée.

Je me sortis un verre propre. M'assis sur le canapé et me versai à boire. Je fixai le téléphone. Mais avant de décrocher, je sentis mon peignoir – le fin tissu en éponge collé contre moi. Ensuite je vis le sang l'imprégner, il continuait de couler à travers le tissu. Je saignais encore.

J'appelai Beth. Elle décrocha, sa voix était aussi endormie et faible que moi, et je me sentis plus seule que jamais, le fait qu'elle réponde accentuait ce sentiment au lieu de l'atténuer. Je dis : « Il faut que je te voie. Je suis vraiment dans la merde. »

Sa voix se fit soudain claire et réveillée. « Tu es chez toi ? J'arrive. »

Je balayai la pièce du regard, m'arrêtant sur la porte donnant sur la chambre, et je dis : « Non. Enfin, euh, je suis chez moi mais, s'il te plaît, ne viens pas.

– Chérie, qu'est-ce qu'il y a ? Qu'est-ce qui s'est passé ?

– Je peux te retrouver quelque part ? »

À ce moment-là elle assura : « Va à mon cabinet. Je pars tout de suite. »

Mais elle resta en ligne jusqu'à ce que je raccroche.

Je me sentais mieux maintenant que j'avais des choses à faire, même si je ne pouvais pas les faire vite et bien. J'essayai de mettre une culotte mais ça faisait trop mal, elle accrochait ce bout de moi qui n'était plus là. Il en alla de même avec les premiers pantalons que j'enfilai – c'était douloureux, ça m'écorchait quand je bougeais. Je fouillai par terre puis dans mon tiroir pour trouver les vêtements les plus larges et les plus doux possible.

Je finis par mettre un treillis ample, usé jusqu'à la corde et doux. Dans la poche, je découvris un petit morceau d'alu froissé qui ne servit qu'à me rappeler depuis combien de temps je vivais comme ça. Je ne me penchai pas moins au-dessus pour autant – à moitié nue et avec un briquet – pour tenter de fumer un éventuel résidu.

Je sortis du dernier tiroir une vieille chemise de mon père, au tissu tellement élimé qu'on voyait au travers. Par habitude, je voulus la rentrer dans mon pantalon mais ça me fit mal aussi, alors je la laissai dehors, la boutonnai de mon mieux, et puis je commençai à m'inquiéter du temps que tout cela prenait.

J'enfilai des chaussures, le manteau de Beth, finis par trouver les clés et me mis en route pour son cabinet.

Il faisait plus froid que je ne l'avais imaginé, alors je m'emmitouflai dans le manteau. Les séquelles piquaient sous mes habits amples. Je n'avais pas réussi à mettre de chaussettes, du coup, aux chevilles c'était pire. Le vent attisait la brûlure de la peau entamée par la ceinture.

Je marchais péniblement, j'observai les phares qui me croisaient en me demandant ce dont j'avais l'air. J'évitai les miroirs, je préférais ne pas le savoir.

J'arrivai avant Beth, alors je m'assis sur la petite marche en béton devant la porte. J'avais enfoncé mes mains dans les poches du manteau. J'y trouvai un paquet de clopes que j'y avais laissé et un briquet. Je fumai une cigarette après l'autre, mes lèvres me paraissaient trop grosses, anesthésiées, et elles laissaient du sang sur chaque filtre. Je fumai machinalement jusqu'à ce qu'arrive sa voiture.

Elle traversa le parking à grandes enjambées, et à sa vue, tout à coup je me sentis morte. J'étais debout à côté d'elle tandis qu'elle tentait maladroitement d'engager la clé dans la serrure. Je lui jetai un coup d'œil dans la lumière blafarde. Je vis qu'elle me regardait, et l'expression de son visage me déplut.

Une fois à l'intérieur, j'enlevai son manteau en me dirigeant vers le canapé. Je savais déjà qu'elle ne pouvait pas s'occuper de moi comme je l'aurais souhaité.

Je me pelotonnai sur le canapé, dos à elle. Je voulais qu'elle soit avec moi, et en même temps non. Des sanglots s'étaient soulevés dans ma poitrine à sa vue, puis dans ma gorge. Qui était tellement déchirée, ça me faisait mal. Mais impossible d'arrêter. De ne pas sangloter, alors que ça paraissait important, cette fois plus que jamais.

Je sentis sa main hésitante mais douce posée sur moi, sur mon épaule, et ravaler mes larmes n'en était que plus difficile, puis je n'essayai même plus. Elle s'était pelotonnée contre moi, derrière moi, elle me tenait dans ses bras, et pendant un temps ça m'aida.

On ne se voyait pas. Elle était appuyée contre l'accoudoir du canapé, et j'étais dans ses bras, dos tourné. Ses mains me caressaient. C'était doux, sauf qu'après elle en glissa une dans ma chemise mal boutonnée, et ses caresses sur mes seins éveillèrent le même désordre violent en moi.

Ses gestes simples me paralysèrent, j'étais incapable de bouger et restai donc immobile, mais mon corps se raidit entre ses bras, ce qui l'incita à parler. À me dire les choses qu'elle disait toujours, et en même temps, ses mains se promenaient sur mon ventre et je sentais les petites coupures qui le striaient, mais elle, apparemment, pas du tout. Jusqu'à ce qu'elle arrive dans mon pantalon, j'eus un brusque mouvement de recul quand elle trouva la plaie à vif.

Ce qu'elle toucha lui fit apparemment un choc à elle aussi, car elle sursauta en même temps que moi. Puis elle m'entoura de nouveau de ses bras, ses doigts étaient maculés de sang, et elle n'arrêtait pas de répéter : « Qu'est-ce qui t'est arrivé ? » et « Qui t'a fait ça ? ».

Je restai allongée, muette, la laissant s'épancher jusqu'au bout, puis elle se calma et ne répéta plus que : « Oh, chérie. » Sa bouche effleurait mon oreille et de temps en temps, elle me donnait un baiser.

Je sentis mon corps se relâcher, s'appuyer lourdement contre elle, comme mort. Ses bras étaient lourds, aussi. Un poids dense, qui m'apaisait. Je crois même que le sommeil me gagna, ou à demi. Je me souviens de m'être sentie de nouveau si fatiguée. Je voulais rester ainsi, ne plus jamais me lever.

Mais ensuite elle nous mit debout. En me tenant fermement par la taille elle me guida vers sa voiture. Elle m'ouvrit la portière côté passager et m'aida à monter. Je ne savais pas où on allait. Je paniquai un instant à l'idée qu'elle m'emmène à l'hôpital ou au commissariat de police. Mais elle prit la direction opposée, c'est-à-dire soit celle de chez moi, soit celle de chez elle.

Je savais qu'elle allait me ramener chez moi. Et j'avais beau n'avoir strictement aucune envie d'y aller, j'étais incapable de le lui dire. Je n'avais pas prononcé un mot depuis qu'on s'était retrouvées. Je savais qu'on n'irait pas chez elle, même si c'était ce que je désirais plus que tout. Que je ne me retrouverais pas dans son lit, le seul endroit où je voulais être, le seul où je me sentirais un peu en sécurité.

Je savais que mon appartement était également un endroit sûr. Dans le vrai sens du terme. Qu'ils en avaient fini avec moi, que le mari d'Ingrid en avait terminé. Que je ne les verrais plus jamais, qu'ils ne chercheraient plus jamais à me voir. Mais l'idée de retourner là-bas me rendait malade. Et plus on approchait, plus la douceur et l'apaisement s'effaçaient, remplacés par des bandes qui m'enserraient progressivement la poitrine. Larges mais fines – des feuilles de métal qui me filaient d'étranges décharges d'énergie saccadée et déchiquetée et me laissaient inutile et handicapée.

Une fois arrivées en bas de chez moi, Beth fut pratiquement obligée de me tirer hors de la voiture. À tel point que je l'entendis me demander : « Il y a encore quelqu'un là-haut ? » Le trouble perçait dans sa voix, comme si elle venait juste d'y penser et ça la faisait flipper.

Je secouai la tête d'un mouvement disloqué qui me fit mal au cou et je sentis ma main se poser sur ma gorge, puis la douleur des brûlures, et dedans aussi ça me faisait mal, ça n'arrêtait pas.

Elle cala sa main sous mon aisselle pour m'aider à me lever, puis elle m'enlaça. Ensuite elle me fit marcher comme une infirme. Jusqu'à la porte d'abord, puis dans les escaliers. Pendant tout le trajet, elle répéta des choses du style : « Ce n'est plus très loin. »

Une fois à la porte, elle dut fouiller mes poches pour trouver les clés – j'étais strictement bonne à rien. Ses mains dans les poches de mon pantalon ravivèrent la plaie, alors je criai, glapissant même un peu. Et elle dit : « On y est presque, chérie. Presque. »

Elle m'installa sur le canapé et inspecta l'appartement. Je pris mon verre, ou le verre de quelqu'un, sur la table basse et sirotai de la vodka pendant qu'elle essayait de mettre un peu d'ordre.

J'étais mal à l'aise. J'avais honte de l'appart, de tout ce que ça racontait. Elle apporta une couverture et m'en enveloppa. Elle me laissa mon verre.

Par la porte, je la regardai changer les draps. J'en eus honte, plus que de tout le reste, et en même temps j'avais le sentiment qu'on prenait soin de moi. Ces deux sensations me ramenèrent un peu sur terre, les lanières qui me comprimaient la poitrine desserrèrent leur étau, puis je me remis à pleurer – en silence d'abord, puis à gros sanglots, et j'avais peur que cette fois ça ne s'arrête jamais.

Elle était venue près de moi. Elle posa la balle sur la table basse sans faire de commentaire. Ça stoppa mes pleurs. Elle me guida vers la chambre, j'étais dans le même état que dans la voiture, à contrarier tous ses gestes. Elle n'avait pas changé de disposition non plus : « Tout va bien maintenant. Personne ne va te faire de mal », disait-elle. Mais je n'en croyais pas un mot.

Elle m'emmena dans la chambre et me déshabilla. Les coussins dans mon dos et le contact des draps propres et doux me calmèrent juste le temps de me rappeler que la dernière personne à les avoir changés, c'était Ingrid. Du coup, je me crispai de nouveau, et Beth était partie, elle était dans la salle de bains. J'eus soudain peur qu'ils m'aient volé l'argent, celui d'Ingrid. Mais Beth revint avant que j'aie eu le temps d'ouvrir le tiroir pour vérifier.

Elle portait une bassine d'eau savonneuse à la main, plus des gants de toilette et un flacon d'alcool. Elle posa le tout sur la table de chevet et se mit à me tamponner le visage avec un des gants, pour me nettoyer. J'avais l'impression d'être une enfant. Le contact de l'alcool sur mon visage me fit sursauter, pareil quand elle me lava le cou. Telle une enfant, je frémis quand elle posa ses doigts sur mes lèvres, je vagis quand elle les enleva, tachés de sang.

Je ne voulais pas qu'elle voie le reste de mon corps. Je remontai les couvertures et m'y agrippai. Elle voulait que je desserre les doigts. Elle disait : « Allonge-toi maintenant, chérie. Laisse-moi faire. »

Je cédai. Elle semblait tellement plus forte que moi, et je compris alors que j'avais toujours pensé être la plus forte des deux. Je me demandai si cette idée était aussi aberrante que le reste de mes pensées.

Le gant de toilette sur mes poignets me fit du bien, mais quand elle arriva à mon ventre, j'eus mal de nouveau. Ça piquait quand elle touchait, et avec l'alcool, c'était pire.

Je ne voulais pas qu'elle s'attaque à la vraie coupure. Je voulais qu'elle la laisse tranquille, mais je savais qu'elle ne le ferait pas. Pourtant, quand elle arriva à son niveau, elle s'arrêta. Comme coupée dans son élan, au lieu de s'en occuper, elle passa directement à mes chevilles. Et après, elle retourna dans la salle de bains.

Elle en rapporta une bassine d'eau propre et un autre gant de toilette.

Je sentis ses mains essayer d'écarter mes cuisses – c'est là que je me rendis compte que je les serrais fermement, sans pouvoir m'en empêcher. « Allez, mon cœur, disait-elle. Il faut que tu me laisses faire. » C'était trop elliptique pour que je comprenne, alors elle précisa : « Allez, chérie. Laisse-moi t'ouvrir les jambes juste un peu. »

Je les sentis s'écarter – sous la pression de ses mains ou toutes seules, comment savoir. Ses mains semblaient fermes. Fermes et sûres, elles m'incitaient à croire ses paroles, mais peut-être pas toutes, parce que j'essayais de me redresser pour la regarder faire.

À la vue de son visage, je m'allongeai de nouveau. Son expression était douloureuse, autant que moi. Je me laissai aller en arrière en essayant de ne pas trembler, mais impossible, la douleur était trop vive. À la limite, ça faisait encore plus mal que quand ils me l'avaient fait. Je pleurais et je me débattais, comme avec eux – c'est-à-dire intérieurement, sans montrer aucun signe extérieur.

Et quand j'émergeai de cet état, remontant à la surface pour reprendre mon souffle, mon corps fut secoué de spasmes, comme démantibulé, alors elle me saisit les poignets. Le contact de ses mains me brûla, j'eus un mouvement de recul. Elle m'avait fait mal, elle s'en rendit compte car elle me lâcha immédiatement et je reculai tout mon corps. Je me recroquevillai, effrayée. Je voulais être sous les couvertures, mais pour cela il aurait fallu que je lâche mes genoux. Je les pressai compulsivement contre ma poitrine.

Je m'agrippais à moi-même et elle voulait que je lâche. Elle essaya par des mots d'abord, dont je ne percevais que des bribes. Je l'entendais juste répéter « chérie », puis plus rien.

Mais je la sentais. Je sentais qu'elle me caressait la main, le dos de la main puis le long des doigts. Et petit à petit je la laissai prendre ma main dans les siennes. Après ça, je lui abandonnai le reste de mon corps.

Elle m'embrassa la paume puis le poignet, longuement, et ensuite le ventre et les cuisses, puis entre. Mon corps avait envie d'elle, mais le reste de moi, non. Peut-être même que mon corps avait besoin d'elle, de ce qu'elle me faisait. Ainsi, de nouveau, il me trahissait.

Je n'avais pas joui pendant ce long moment passé avec Burt et les autres, aussi je me dis qu'il fallait prendre le plaisir qu'elle m'offrait. J'essayai de me persuader que tout mon être en avait besoin.

Mais en vain. Même moi, j'étais incapable à ce moment-là de faire en sorte que ça se passe bien, qu'elle le fasse bien. Et son éventuel désir ou besoin, je ne pouvais pas l'ignorer. Son désir que je lui donne, son besoin que je me donne, chaque fois qu'elle se trouvait confrontée à moi, tellement en demande. Je ne pouvais pas non plus m'empêcher de penser qu'elle n'avait jamais connu que ce moyen-là pour m'aider.

Elle se donna du mal et arriva finalement à me faire jouir, mais ce fut laborieux, lent à venir et satisfaisant ni pour l'une ni pour l'autre. Après, on aurait dit qu'elle ne savait plus où se mettre, pas tout de suite, du coup je me détournai d'elle. Je remontai les couvertures et rentrai en moi de nouveau.

Je l'entendais ranger des trucs. Peut-être que je désirais la voir partir, mais je n'en étais pas certaine, en tout cas je ne pouvais certainement pas le lui demander.

Ce qui est sûr, c'est qu'une fois qu'elle se fut déshabillée et pelotonnée derrière moi, je n'avais strictement aucune envie qu'elle soit là, tout près. Je me retirai plus loin en moi. J'essayai de plonger assez profond pour ne plus sentir ses bras et ses jambes enroulés autour de moi.

Mais je n'y parvins pas, ou elle m'en empêcha. Le sommeil ne venait pas non plus. Je restais là, complètement crispée, tendue dans ses bras tandis qu'elle essayait toujours de me calmer. Cette situation me faisait mal au cœur, c'était comme si je la trahissais. Et même en sachant que je comprenais tout de travers, j'étais incapable de modifier ce que je ressentais – et cette pensée, juste avant si claire, devint informe et vaporeuse, avant de s'évanouir.

Je ne sombrai à aucun moment dans le sommeil. Je fis même assez mal semblant. Elle aussi se débattait, je le sentais. Incapable d'arrêter de gamberger ou de se poser dans son corps, elle finit par se lever, et je l'entendis s'habiller. Et même s'il était clair qu'elle savait que j'étais éveillée, elle partit sans un mot.

Une fois seule, la tension accumulée se changea en lourdeur. Le sommeil me happait, ça me faisait peur, je voulais me défiler. Ma fatigue était telle que j'avais peur de ne plus jamais me réveiller. Mais impossible de ne pas dormir. Et au moment de sombrer, je compris ma peur. Cette fois, ce même sommeil noir était si infiniment vide qu'il était devenu pour moi le seul endroit possible. Le seul où quelqu'un comme moi aurait envie de rester.

30

Je me réveillai pourtant. En ayant l'impression d'être défoncée à quelque chose, et j'aurais bien aimé, mais sans avoir aucune envie d'aller me chercher la bouteille. Je voulais retourner à cette obscurité où il ne se passait jamais rien et où il ne s'était jamais rien passé. Je le voulais comme une enfant peut avoir envie de mourir, ou comme, enfant, je l'avais désiré. Désiré en finir avec tout.

Ce flot de pensées inondait ma tête et me poussait vers le large. Peut-être que le vrai problème de la veille, c'était ça. Peut-être que ça m'avait trop rapprochée d'un truc dont j'avais toujours rêvé. Que ça m'avait de nouveau ouverte à l'idée d'en finir, au lieu d'essayer de dépasser ça. Ou de le contourner. À la place je retombais toujours dessus, et dedans, me fracassant la tête et le corps. Et la douleur était chaque fois différente et plus aiguë, et les moyens ou trucs pour la tromper et amortir la descente, moins nombreux.

Beth n'appela pas, ni ce jour-là, ni le lendemain, ni les jours suivants. Alors j'attaquai la semaine suivante en me demandant si elle se promenait avec le même rêve trouble que moi, même si personnellement je ne me promenais vraiment pas beaucoup.

Je me demandais si elle sortait. Puis je décidai qu'elle vivait sa vie machinalement, comme une somnambule, abasourdie. C'est ainsi que je m'expliquai le fait qu'elle n'appelle pas. C'était aussi un prétexte pour la garder près de moi, pour que quelque part on reste ensemble.

Ça ne fonctionna ni très bien ni très longtemps. En fait, ça ne marcha pour ainsi dire pas du tout. Je m'y tins néanmoins. Je m'y accrochai encore un jour ou deux, même si je connaissais déjà toutes les failles et tous les trous par cœur.

Et le lendemain, en fin d'après-midi, je décidai d'aller la voir. Presque malgré moi, et sans pouvoir beaucoup réfléchir à ma motivation, à ce que je cherchais. Pas même une fois arrivée là-bas.

Je la trouvai en train de m'attendre, comme si les jours, les semaines, en fait, n'avaient pas existé. Et l'idée qu'elle m'ait attendue ainsi tous les soirs me parut curieuse. Ça me déstabilisa, et une fois l'équilibre retrouvé, j'étais en colère – et je me rendis compte que je l'avais toujours été.

Elle vint me chercher à la porte, celle de son bureau, pas celle de l'entrée du cabinet. Et je l'attaquai illico. Physiquement. Je me jetai sur elle, lui fis traverser la pièce à reculons puis la plaquai contre le mur du fond – pour la serrer entre le mur et son bureau.

Je la tirai et la poussai. La forçai à s'asseoir à moitié sur le bureau, après j'enfonçai ma main en elle. Je la baisai. Dans tous les sens du terme. Longtemps. Je me pressai contre elle de tout mon corps, et en elle, ma bouche si près de la sienne, mais sans l'embrasser.

Je pouvais entendre ses cris, et ce n'étaient pas des cris de douleur. Qu'elle prenne du plaisir me donna un sentiment d'échec, ce qui m'obligea à reconnaître que j'étais venue pour lui faire mal, en utilisant la bonne vieille méthode qui blessait à tous les coups, je le savais.

Je la fis jouir, puis elle s'écroula contre le mur et se retrouva gisante effondrée par terre. Je la laissai comme ça. Je sortis en chancelant, passai une porte puis la deuxième, mourant d'envie de retourner à mon obscurité, physiquement.

Une sensation de fatigue accompagnée de fourmillements me poussait à avancer, des faisceaux d'aiguilles me piquaient les cuisses, l'arrière des genoux et la plante des pieds. Et un autre picotement montait dans ma poitrine, avant de s'étendre. C'était de la haine, la haine de l'aimer, de la laisser m'aimer. Ce sentiment battait la chamade et se mélangeait à mon désir de retourner à cette obscurité, jusqu'à me forcer à reconnaître que les deux allaient de pair – formaient un tout.

À chaque pas, ils se fondaient davantage l'un dans l'autre, et une fois chez moi, dans mon lit, je ne trouvai pas le sommeil tout de suite. Savoir que les deux étaient liés m'empêchait de dormir. C'était reconnaître que j'avais eu besoin de son aide de la façon la plus conventionnelle qui soit. Que tout le reste n'avait servi qu'à le cacher. Une manière d'essayer de lui attribuer la même place qu'à tous les autres.

Si j'y étais arrivée, ça m'aurait évité de voir clairement cette chose en moi que je voulais que quelqu'un m'enlève. Cette soif de néant. Et le fait qu'à la place elle me l'ait montrée ? J'avais voulu qu'elle me l'enlève, ou la remplace. Je voulais que ce soit elle qui y mette un terme, mais d'une autre manière – de sorte que je puisse être tranquille et rester là quand même.

Et le fait qu'elle ne puisse pas ? Qu'elle en soit incapable, et que personne ne puisse ? Qu'elle s'y soit mal prise ? Qu'on ait pris un mauvais départ ? Ça ne changeait rien à ce qu'elle était d'abord. Je ne pourrais jamais lui enlever ça. Que je passe le restant de mes jours à la haïr ou à l'aimer, je serais à elle pour toujours. Elle serait à jamais la personne à qui je m'étais donnée. Au plus près de moi-même.

31

Beth m'avait peut-être aidée, car les jours suivants je me rendis compte que quelque chose avait tué mon goût pour tout ça. Pas pour ce sommeil en particulier, mais pour les petites stratégies que, sans l'admettre, je mettais en œuvre pour le trouver. Je n'étais pas attirée par les parkings ni par les bars, comme si ça ne m'intéressait plus.

Je me mis à mener une vie tranquille. Ce fut soudain. Mais en même temps, j'avais glissé si silencieusement dans ce nouveau style de vie que j'aurais pu ne jamais le remarquer. Sauf que, ces derniers temps, je ne prêtais attention qu'à cela.

J'aimerais pouvoir dire que je me suis servie de l'argent d'Ingrid – le cash n'avait pas disparu – pour m'en aller loin. J'aimerais pouvoir dire que j'ai recommencé à zéro ailleurs, mais ça ne s'est pas passé comme ça.

Je ne revis plus jamais Ingrid. Mais voir Beth était plus fort que moi. Je n'eus pas le courage de la perdre. Pas au moment où apparemment j'étais en train de perdre tout le reste.

Mais on ne couchait plus ensemble, néanmoins. Sans vraiment l'avoir décidé ou en avoir parlé, on arrêta. On n'évoqua plus jamais le sujet, ni rien du passé ou de ce qui s'était passé entre nous.

Nos relations devinrent conventionnelles. Banales, pas comme je l'avais souhaité. Elle commença par m'aider pour des petites choses pratiques. Comme trouver un nouveau job.

Ma vie se mit à prendre une tournure ordinaire. Mais je devais faire des efforts pour qu'elle le reste. Pour m'empêcher de suinter au-delà de ses contours, de saigner au travers.

Je me fis quelques amis au travail. Du genre avec qui on va boire un verre, comme un soir, plusieurs mois plus tard, dans un autre bar que celui que j'avais autrefois fréquenté.

On était assis sur des tabourets, on riait, absorbés par notre conversation, quand Jeremy entra. Je me levai quand il s'arrêta près de moi, il commanda un verre avant de me dire bonjour.

Je dis une banalité dont je ne me souviens pas, un salut quelconque, et il me mit la main au cul de façon désinvolte en me disant que j'avais l'air en forme.

Tout ça paraissait sans doute assez normal, et je pouvais presque le croire, mais je ressentais ce quelque chose, cette terreur excitée qu'ils m'avaient léguée en partant. Sans parler de la petite fiole qu'il portait autour du cou. Une chaîne en argent ras le cou passait par le capuchon, et ce morceau de moi pendait dans un liquide vert pâle.

Il prit son verre et s'éloigna. Son comportement me persuada presque que je ne l'aurais pas accompagné s'il me l'avait demandé. Mais j'étais trop consciente du fait qu'il ne me l'avait pas demandé. Et aussi d'avoir la main dans la poche, tripotant la balle dont je ne me séparais jamais.

Alors quand une fille du boulot me poussa du coude en demandant : « C'est qui ? », sous-entendu il est mignon, je mis du temps à répondre, et tout le monde en conclut que j'avais un faible pour lui.

Je restai debout pendant qu'ils me taquinaient. Je jouai le jeu puis attendis la fin de la soirée parce que je ne voulais pas quitter cet endroit toute seule.

On se dit tous au revoir dehors sur le parking, j'avais la tête ailleurs, je m'en rendais compte – je cherchais des voitures connues et inspectai la mienne avant de monter dedans. Je le fis tout en sachant que Jeremy en avait fini avec moi – et ses complices aussi.

Je rentrai chez moi, consciente que je n'en avais pas fini avec eux, que j'avais juste fait semblant. J'entrai dans mon appartement – le même qu'avant –, consciente que je n'en avais pas non plus fini avec Beth, avec ce qu'elle avait libéré en moi. Ça n'avait pas disparu, c'était latent. Je brûlais de l'appeler, et savoir que je ne le ferais pas me plongea dans la torpeur.

J'emmenai cette torpeur au lit avec moi. Et avec elle ce que j'avais toujours su : j'aurais dû mourir cette nuit-là – jamais occasion plus belle ne s'était présentée. Et le fait que non ? Que je ne l'avais pas saisie ? Je ne ressentais ni le soulagement ni le réconfort escomptés. Ça ne faisait que retarder l'échéance. Une cruelle supercherie, qui m'obligeait à prendre la décision moi-même.

Il me restait deux voies possibles : le faire moi-même, ou défaire les choses qui avaient instillé ce désir en moi au départ. Et j'étais toujours affligée de voir comment j'avais vécu toutes ces années. De voir que ma vie – entière ou presque – consistait juste à trouver quelqu'un qui me buterait, qui me buterait à ma place. Ça me blessait d'autant plus que je m'étais accrochée très fort à l'idée que j'avais le désir de vivre. Que je trompais la mort, pas que la mort me trompait.

Alors je restai au lit, humiliée et découragée, parce que je ne me sentais pas de me tuer et je ne voyais pas par où commencer pour emprunter l'autre voie.

Je savais que Beth avait représenté une tentative. Mais à ce moment précis cela ne faisait que me rappeler que je n'en étais pas capable. Elle m'avait montré ce que je devais affronter, mais après elle m'avait fait voir que je n'étais pas du tout prête pour ça. Que le fait de l'entrapercevoir me renvoyait illico à mon besoin de mourir. Cette fois je l'avais vu. Je n'avais pas pu l'ignorer. Et même si ça aurait sans doute dû m'apparaître comme un progrès, et c'était peut-être le cas, j'y voyais plutôt une perte.

Et donc, comme il était trop tôt pour faire les choses différemment et trop tard pour continuer comme avant, je restai dans ce blocage, incapable de vivre comme j'avais vécu pendant si longtemps, en consacrant ma vie à rechercher la mort tout en faisant semblant de vouloir survivre. Mais incapable pour l'instant de vivre autrement.

La lourdeur habituelle gagna mes bras et mes jambes tandis que je pensais à ça. Elle commençait à me chavirer, à me retourner, alors je restais surtout couchée sur le ventre, blottie dans des coussins.

L'obscurité prit le pas sur la lourdeur. Elle progressa, réconfortante et vaste, comme toujours. Mais pas mortelle. Pas exactement. Pas ce soir en tout cas. Ce qui me fit penser que je pouvais peut-être simplement me plonger dedans. Pendant de brèves intermittences. Sans avoir la sinistre tentation d'y rester, ce qui me permettrait peut-être de me reposer un peu. De trouver le sommeil, le vrai, qui commencerait peut-être à me réparer.

Alors je m'y engouffrai, avide comme toujours. Mais, même en m'enfonçant dans ce sommeil paisible, en me coulant dedans, je savais que ce monstre géant dormait de ce même sommeil noir. Qu'il était couché avec moi, aussi. Qu'il se reposait en attendant son heure.

Achevé d'imprimer en septembre 2007
dans les ateliers de la Nouvelle Imprimerie Laballery
à Clamecy (Nièvre)

N° d'éditeur : 2002
N° d'édition : 137961
N° d'imprimeur : 709098
Dépôt légal : octobre 2007

Imprimé en France